网络时代背景下中小学教育管理研究

武明恩　著

全国百佳图书出版单位 | 吉林出版集团股份有限公司

图书在版编目（CIP）数据

网络时代背景下中小学教育管理研究／武明恩著
. -- 长春：吉林出版集团股份有限公司，2020. 8
ISBN 978-7-5581-9059-9

Ⅰ. ①网… Ⅱ. ①武… Ⅲ. ①中小学教育-教育管理
-研究 Ⅳ. ①G637

中国版本图书馆 CIP 数据核字（2020）第 160792 号

WANGLUO SHIDAI BEIJING XIA ZHONG XIAOXUE JIAOYU GUANLI YANJIU

网络时代背景下中小学教育管理研究

著：武明恩
责任编辑：潘莉莉　朱　玲
封面设计：冯冯翼
开　　本：720mm×1000mm　1/16
字　　数：200 千字
印　　张：10. 75
版　　次：2020 年 8 月第 1 版
印　　次：2022 年 10 月第 2 次印刷

出　　版：吉林出版集团股份有限公司
发　　行：吉林出版集团外语教育有限公司
地　　址：长春市福祉大路 5788 号龙腾国际大厦 B 座 7 层
电　　话：总编办：0431-81629929
印　　刷：廊坊市印艺阁数字科技有限公司

ISBN 978-7-5581-9059-9　　定　　价：52. 00 元

前言

对于学生来说，中小学阶段是非常关键的，这将对他们一生的学习都产生深远影响。因而，做好中小学的教育管理工作，让学生们能够在一个良好的氛围中开展学习是非常重要的，这样也可以让学生逐步养成良好的学习习惯从而为以后的学习做好准备。对于学校以及教师而言，为了确保教育管理工作的顺利开展，就应该做好中小学教育管理的研究工作，并且通过多种途径，比如优化教学环境、加强文化建设、强化安全教育、开展道德教育等，达到理想的教育效果，从而实现育人目标。

随着社会的发展，我们逐步进入了网络时代，在这个时代背景下，中小学教育管理工作与以往相比也面临着一些新挑战与新机遇，那么对于教育管理者而言，就应该顺应时代发展做出变革，从而更好地开展教育管理工作。

本书是一本探讨网络时代背景下中小学教育管理的理论著作。简述了网络时代的基础知识、网络时代背景下学习方式及教育模式的变革、中小学教育管理及网络时代对中小学教育管理的影响；分析了网络时代背景下中小学校园文化建设、网络时代背景下中小学文化与健康教育、网络时代背景下中小学道德教育、网络时代背景下中小学安全教育、网络时代背景下中小学科研管理及网络时代背景下中小学班级管理等方面的内容。

与已有的同类研究成果相比，本书主要具有以下三大特色：

一是全面性。本书以从第二章至第七章共六个板块的篇幅，围绕网络时代背景下中小学教育管理的各个方面进行了深入的分析与探讨。内容比较广博，信息量比较丰富，以期给新时代的大学生更全面、更综合的知识。

二是时代性。每个时代有每个时代的特色，在我们步入网络时代之后，中小学的教育管理也应该展现出新的特色。本书紧跟时代发展诉求，结合新时期下中小学生的时代个性特点及出现的新问题，对网络时代背景下中小学教育管理进行了深入论述，具有鲜明的时代特色。

三是实用性。本书论述了中小学校园文化建设的现存问题与解决对策、中小学健康教育文化建设的路径、网络时代背景下中小学德育建设的对策、网络时代中小学校园危机管理面临的新问题及解决对策、中小学教研信息化管理存在的问题及对策分析、网络时代背景下完善中小学班级管理的有效对策等方面的内容，能够在一定程度上指导实践，具有一定的实用性。

需要说明的是，网络时代背景下中小学的教育管理并不止于本书的内容，尤其是其中的某些教育与训练的技巧与方法，还需要人们结合自身实际，灵活运用，唯有如此，才能百尺竿头更进一步！

本书在写作过程中得到了相关领导的支持和鼓励，同时参考和借鉴了有关专家、学者的研究成果，在此表示诚挚的感谢！由于时间及能力有限，书中难免存在疏漏与不妥之处，欢迎广大读者给予批评指正！

目 录

第一章　网络时代背景下中小学教育管理概述

中小学教育是我国教育体系中的基础部分，中小学时期是孩子打好基础、养成良好学习习惯的关键时期。随着信息网络技术的应用和飞速发展，中小学课堂教学和教务管理实现了信息化，本章对网络时代背景下中小学教育管理进行了简要介绍。

第一节　网络时代概述

如今，我们正阔步进入互联网时代，互联网的发展和普及大大改变了我们的工作、生活方式。

一、互联网时代的特点

（一）网络化

这是互联网时代最基本的特征。"互联网提高了以最小成本介入传播的技术条件。"[①] 尤其随着互联网的相对有序发展，网络技术、网络基础设施、网络资源、网络用户等持续高速发展，整个社会网络化程度迅速提高。加拿大著名学者麦克卢汉（Marshall McLuhan）描述的"地球村"如今正在成为现实，而把这一梦想变成现实的正是互联网的广泛使用。正如尼葛洛庞帝在《数字化生存》中所说的那样："一网打尽全世界。"[②] 可联网跨越国家的界限，使整个世界真正的成了个整体。

---

① 李永刚. 我们的防火墙：网络时代的表达与监管［M］. 广西：广西师范大学出版社，2009：22.

② ［美］尼葛洛庞帝. 数字化生存［M］. 胡泳，范海燕，译. 海口：海南出版社，1996：211.

对于社会个体而言，只要拥有一台能上网的电脑，就能实现大范围的信息传递。在数字网络化社会里，由于距离带来的摩擦系数被降低为零，时间与空间的距离感被降低。网络中各种新兴传媒工具的使用与创新，更新着人们的交流与沟通方式，人们可以在第一时间获取到最新的信息，并将所有的资源为他人所共享；可以通过搜索引擎、新闻门户、网络电台等途径获取新闻信息。人们可以通过文本、语音、视频聊天，电子邮件等途径进行信息沟通；可以通过网络游戏、宽频、在线音乐等丰富的途径享受休闲娱乐；可以通过电子商务平台、电子支付系统实现交易，通过多种互联网手段，提升交易效率。

现实生活的各个方面都已经与网络接轨，社会生活的所有领域都可以实现网络化。现实生活的网络化已经成为大势所趋。网络社会所形成的社会实践活动与人际关系，已经使人们在现实社会中编织起一个无形网络，这个网络连接着社会的每一个角落。①

（二）平等性

每个人都生活在特定的社会组织中，扮演着一定的社会角色。这些社会角色是社会赋予个体的，比如年龄、身份、性别、职业、财富等决定了一个人在社会上的言语与行为表现。但是，网络赋予人们的是一种"虚拟角色"（virtual role）。与传统社会中的角色相比，网络角色完全不受社会环境的影响。人们可以抛开现实生活中的羁绊与束缚，自由地表达自己的思想与意愿，自我意识、自我表达成为一种趋势与潮流。社会各个群体之间、各个阶层之间、各个区域之间的数字鸿沟正在逐步缩小。每个人都可能成为社会舆论传播的节点，成为信息的传播者，社会舆论的引导者，公民的平等意识、自我意识正在通过互联网时代的发展而不断地得到强化。

在性别方面网络社会打破了男性的话语霸权，女性在更多的社会事务中表达着自己的意愿。女性基于性别身份所带来的不利于全面社会参与的各种因素在"人人参与、人人共享"的可联网世界中被逐步淡化。他们的社会参与渠道与社会参与手段都被极大的拓展。社会参与程度的提高为女性自由、独立地发出自己的声音，对抗社会中的各种性别歧视现象，提供了更大的平台。草根阶层是社会的弱势群体，在传统社会中，他们的话语空间相对较小，没有适当的途径来表达自己的利益诉求。但是互联网的发展则改变了这种社会状态，大量的草根阶层已经成为网络社会的主体力量，他们的力量引导着网络社会的舆论发展走向，并进一步影响着现实社会中事件的发展走向。

---

① 高建华. 互联网时代我国意识形念面临的机遇与挑战研究 [D]. 天津：南开大学，2012.

在城乡结构方面，农村网民规模不断壮大。随着农村互联网接入条件不断改善，农村网络硬件设备更加完备，农村地区网民规模在持续增长。农村网民的发展并发出代表自己利益的声音，在一定程度上有利于改变"城乡二元化"不平等的社会结构所带来的负面影响，缩小城乡数字鸿沟。互联网所具有的亲和力，使其越来越大众化，形成了"草根式"的联结。"这种草根式的联结，最大之特点就是允许那些即使处于社会网络中最底层的人，也能与社会网络中其他位置的人一样，在网络中拥有同样的机会陈述他们自己的意见，传达他们心声。"① 草根式民主的发展为公民参与社会政治生活提供了新的社会基础。上述数据也明确地表明，互联网时代我国网民在特征结构上的差距正在逐步缩小。网络社会为社会弱势群体与底层公众为自身利益的实现创造了平等的社会环境。平等成为网络社会人们的普遍诉求。②

（三）开放性

互联网用最底层的技术来实现最大程度的兼容与开放。"开放式可联网的价值随着网络规模的扩张呈现几何级数的增长。"③ 互联网的开放性不仅仅是技术层面上的，它还有更深的社会意义。在传统社会中，信息完全被政府的新闻传媒机构所垄断，信息的开发程度取决于政府对信息的封闭程度。孤立的个人在强大的信息垄断面前是弱小无依的。同时，互联网匿名性的特点使得网络信息的传播与表达机制在一定程度上削弱了传统相关人的审查。

互联网时代的开放性意味着任何人都能够在网络上发表自己的意见，获取到发表在网络上的任何信息。这实质上意味着个体权利和能力的扩张及其对传统的金字塔模式的社会政治经济结构和体制的消解。而开放网络地出现在很大程度上削弱了国家对信息的控制。在互联网的开放性面前，政府对信息的垄断与控制显得更为困难与不可能。④

正如麻省理工学院媒体研究室主任尼葛洛庞帝（Nicholas Negroponte）教授曾指出的那样："一个个信息包各自独立，其中包含了大量的信息，每个信息包都可以经由不同的传播路径，从甲地传到乙地。这种分散式体系结构令互联网络能像今天这样三头六臂。"⑤ 同时社会信息的开放性也提高了整个社会

---

① 刘文富. 网络政治——网络社会与国家管理 [M]. 北京：商务印书馆，2011：81.

② 高建华. 互联网时代我国意识形态面临的机遇与挑战研究 [D]. 天津：南开大学，2012.

③ 李永刚. 我们的防火墙：网络时代的表达与监管 [M]. 广西：广西师范大学出版社，2009：20.

④ 陈琢. 互联网时代党的群众工作问题研究 [M]. 长春：吉林人民出版社，2017：97.

⑤ ［美］尼葛洛庞帝. 数字化生 [M]. 胡泳，范海燕，译. 海口：海南出版社，199：274.

的开放性程度，人们有更多的行为选择和价值选择。网络传媒的信息聚合能力已经瓦解了传统媒介的信息组织与控制标准。在互联网时代，"流动空间"（Space of Flow）与"地点空间"（Space of place）共同组成了社会信息传播与表的聚集地①

二、互联网时代对教育的影响

互联网诞生以来，我们的生活方式和价值观念都被深深地改变着，教育手段的每一次飞跃也都与科技的进步密不可分。人类的教育手段伴随着科技的发展而不断改进，反过来，教育手段的改进进一步促进了教育的发展，也就间接地促进了科技的进步和飞跃。教育手段作为教育的一项重要的物质基础，它的每一次发展都为教育的发展提供了一个更为广阔的平台。

学习者的学习方式将会随着科技的发展而转变，总的趋势是去寻找最方便于接受知识的方式来获取相对最优质的教育。学习者不会受到传统方式的束缚，一旦知识的传播方式被科技的发展超越，原有的传播方式就会被学习者自动淘汰。

在 21 世纪，电子科技、交互式多媒体技术已经得到了跨越式的发展，从家庭到学校，都拥有了针对学习者个人的独立计算机。过去学校简单的文字板书式教育已经被个人电脑的绘图、文本、影像等功能超越，其被淘汰是一种大潮流下的固定趋势，任何力量都阻止不了学习者主动去寻求这样的先进方式来接受知识。学校不仅无法违背这样的趋势，相反还会适应这样的趋势。因为在这个过程中，学校的界限将被新的技术所打破。学校不再是固定的大楼或者是固定的时间的代名词，虚拟的课堂、灵活的课时，一切都将会以学习的需求和条件来制定。这将真正实现"以人为本"，以学生为本，因材施教。更好地适应学生的需求。实现教学效果的最大化。

将互联网技术形容为一场革命是不为过的，在互联网时代，将会实现教育内容和方式的重大革新。这些革新主要包括以下几方面。

（1）首先，文字阅读方式的革新

虽然在互联网时代文字仍旧是知识的主要载体，但是阅读文字的方式将会大有不同。旧有的纸质印刷书籍将会被取代，电子阅读将会大行其道。网页、文本文档、视频、幻灯片等，这些虚拟的载体会淘汰旧有的纸质载体，多媒体形式、云存储将会取代书包，学生的负担将会最大程度减轻，真正实现"减负"。

---

① 高建华．互联网时代我国意识形念面临的机遇与挑战研究［D］．天津：南开大学 2012.

（2）其次，教学的互动方式将会改变

过去的教学强调教学者的主体地位。学生的互动十分有限。在网络时代，教育的内容在被吸收的同时，教师还要和学生在媒体上进行互动。这种互动是由网络媒体的传播方式决定的，而不是由教学者来决定的。交流的主体方式也会改变，鼠标、触屏直输、语音等多元化的输入方式将会大大方便师生的交流互动。

（3）计算的功能优势将会进一步放大

教学的效果和内容都由原来的教案式转变为可量化的标准，教学者可以在网络中通过最新的量化报告了解时代背景下的知识需求。学习者也能通过量化标准对自己的学习质量进行量化分析。并在网络中和他人交流，寻找差距。

网络教育带来的大变革首先体现在由无个性的教育转向强调个性化的教育。传统的授课方式，教育者是少数，学习者是多数，所以要以教育者为主，对学习者实行千篇一律的教育方式和教育内容。所有人要以同样的方式来接受知识，这本身是和人的多元化和个性化发展相冲突的。尤其是当今社会，人的发展越来越强调个性和特质，传统的一元化教育理念将无法满足当前教育的大战略，无论是对国家还是个人，一元化教育都难以达到预期目标。而网络教育实施的教育多元化，教学者和学习者是一对一的，更是多元的。针对每位学习者，不同的教育计划都会发挥他们极大的优势和潜力，做到让学习者在学习中真正得到长足的进步。

信息化将导致教育彻底摒弃"仓库理论"，在知识经济时代，我们不再看重"博闻强记"，电脑和电脑网络就是我们的记忆。我们已不能满足于记忆某些知识，更需要应用知识创造性地解决问题。将受到推崇的能力是善于探索未知、创造发明和开创新局面，比起记忆能力和计算能力来，这种能力也是未来人才的关键素质。

现代化教学理念要求作为教师的教育者，应从高高在上的知识的传播者过渡为教育活动的运行者和传播者，即以学生为主体，对学习活动群体的步调进行把握和规劝，让学生主导学习的大方向，将学生的自我学习能力以及独立获取信息和知识的能力作为重点的教学目标。过去独立学习能力的培养方法，只能凭借最基础的教育工具——字典和图书馆。今后互联网这个工具也要成为学生独立学习的必不可少的一种工具，学生要通过互联网学习。①

---

① 危英．互联网时代会计教学改革的创新策略研究 ［M］．成都：电子科技大学出版社，2017：7.

第二节　网络时代背景下学习方式及教育模式的变革

一、网络时代背景下学习方式的变革

（一）学习方式的概念

学习方式目前在我国并没有明确的界定。谢新观在《远距离开放教育词典》一书中指出，学习方式是指学习者在学习知识和技能时所采用的途径、形式和手段①。庞维国认为"学习方式泛指学习者在各种学习情境中所采取的具有不同动机取向、心智加工水平和学习效果的学习方法和形式。"② 桑新民从教育技术角度对学习方式做了定义，他认为学习方式是指学习者在学习活动中所采取的手段、措施或策略，是学习活动的基本形式。学习方式的改变代表了不同时代学习内容和形式的特点，能够让人们从学习的过程中体会到时代的变迁和需求。③

（二）互联网时代的学习方式

1. "互补"学习：网络结合课堂的学习

传统课堂形式的学习，采用单一的教材作为学习工具，学生预习依靠课外辅导书、复习依靠课堂笔记、补习则依靠家教，学习资源和呈现方式都很单一。慕课地出现在很大程度上丰富了学习资源。④

慕课受到广大学者的推崇，很大程度上是因为其独有的特征。慕课全称为"大规模开放式在线网络课程"，其特征有：（1）受众规模化：慕课不是简单地发布一门或两门课程，而是大规模的网络课程。身处世界各地的人们都可以通过互联网与学习爱好者沟通交流；（2）学习个性化：学习者可根据自身情况自主学习，包括控制学习进度，复习知识；（3）课程开放化：几乎所有的

---

① 谢新观. 远距离开放教育词典［M］. 北京：中央广播电视大学出版社，1999：27.
② 庞维国. 论学习方式［J］. 课程·教材·教法，2010（05）.
③ 桑新民. 信息时代学习方式创新的攻坚战［J］. 中小学数字化教学，2018（06）.
④ 王竹立. 移动互联时代的碎片化学习及应对之策——从零存整取到"互联网+"课堂［J］. 远程教育杂志，2016（04）.

慕课都是免费的，只有少量需要要收费的。学习者可以通过慕课平台自主选择需要学习的课程，有的课程发布了多种版本，学习者甚至可以根据自己对教师的喜爱程度选择课程。慕课课程种类丰富，学习者也可根据自身情况，选择感兴趣的学科，培养多种技能。

慕课作为大规模开放式网络课程，其内容的丰富性是传统课堂难以比拟的，但慕课的开放性也在长期的应用过程中显现了弊端。例如：学生自制力不强导致不能正常达成教学目标。另外，慕课的教学形式多采用单一的视频教学，学习者在学习过程中很容易产生疲劳，出现注意力不集中的情况。虽然网络视频学习具有课堂学习不具备的优点，但课堂学习中教师采用多种教学手段与学生产生互动，且有严格的纪律规定，却能很好地避免上述情况。所以，就目前而言，网络视频学习和课堂学习应该是一种互补的关系。例如：学习者通过在线网络视频实现对晦涩知识点的二度学习，进行课程的预习和复习等。

2. "细致"学习：由点到面的学习

每节课的学习都要达到一定的学习目标，课堂时间的限制使得教师无法保证所有学生对每个知识点都理解透彻。将课程的一个或两个知识点制作成微课，组成一个课程系列，能够很好地让学生随时随地理解所学课程，解决课堂教学的不足。

微课通常是为了说明一个知识点或一个问题，内容短小精悍，时间一般控制在 5~8 分钟之内，不超过 10 分钟。在一般的课堂教学中，既要兼顾教学目标，又要保持学生注意力，教师能够动态调节两者关系。网络视频教学与课堂教学有很大的不同，在脱离课堂教学的环境下，学习者注意力很容易受到其他因素的影响。因此，微课在设置的时候考虑到以下四点：（1）教学时间：通常都是 10 分钟左右，方便学习者进行移动学习；（2）教学内容：微课的时间限制了内容，所以微课主题明确，观点突出；（3）内存占用：微课是以流媒体的形式进行传播，而流媒体格式占用内存小、播放流畅，学习者可以通过计算机终端或移动终端观看；（4）内容表达形式：微课从多角度出发进行制作，辅助以多媒体课件。微课具有的这些特征，可以在网络学习中有效保持学习者注意力的集中。

微课有完整的教学设计环节，它将一个单元或者一节课的内容按知识点进行合理拆分，然后对这些知识点进行单个的教学设计，相当于让学习者学习了许多小课程，可由这些小课程汇聚成完整的课程体系。所以，微课不能由教师课堂实录视频切割获得。微课的学习带来的是一种微文化，学习这种微文化，在某种意义上我们可以将它理解成走向"细致化"的学习。

3. "互动"学习：强调交流的学习

传统课堂由于人数的局限，教师很难在保证教学目标完成的情况下，让班级互动成为教学过程的主要形式。因此，只能通过简单的提问和习题让学生参与课上的教学交流，而翻转课堂的出现则让班级互动成为可能。[①]

学生在课下按照教师发布的资源进行网络学习，课上教师和学生对学习过程中遇到的问题进行讨论、交流，这种新型的教学模式称之为翻转课堂。翻转课堂具有以下特征：(1) 教学资源：传统课堂离不开书本、多媒体课件、教具等，翻转课堂的主要教学资源是微课视频；(2) 师生角色：传统教学中教师是主导者，学生是被动参与者。翻转课堂中教师变成学习的策划者和组织者，学生成为学习的领导者；(3) 教学环节：打破了传统教学教师进行课堂教授、学生课下完成作业的模式。翻转课堂要求学生先在课下完成课程的学习，在课堂上进行答疑解惑，注重学生的参与度和互动性，也就是说学生的参与度和互动性越高，翻转课堂的意义也就越大。

学生在课下利用微课视频进行细致的学习，将学习过程中遇到的难点和重点记录下来，带到课堂中师生共同交流，师生互动被认为是翻转课堂中的一大特色。传统课堂的互动穿插在教师的讲授过程中，学生互动多通过上黑板解题、回答教师提问等方式。翻转课堂的互动范围辐射面更广，它包含了师生、生生之间的交流。学生通过这种互动学习，一方面锻炼了自主学习能力，响应了终身学习的号召；另一方面拓展了学习思维，掌握了从不同层面分析问题的能力。[②]

二、网络时代背景下教育模式的变革

(一) 信息素养、合作与创新能力的培育：新时期的人才培养目标

作为知识生产的主体，学校的培养目标也随着知识生产方式的转变而不断地改变。在这里，知识不再是一种人类共享的精神财富，而是转变为一种可以出售的商品，实现了知识的资本化转向。

然而，随着网络时代的到来，一种新型的教育模式正在兴起，通过知识共享和协同创新，来实现人类原创知识的增长，从而为真正推动人类社会的全面进步和个体的全面发展，提供根本制度保障。

---

① 张韵．"互联网+"时代的新型学习方式 [J]．中国电化教育，2017 (01).
② 刘小敏．"互联网+"时代学习方式的变革 [J]．中小学电教，2017 (09).

1. 信息素养教育

随着网络社会的到来，整个社会到处充斥着信息，无数的网站、微博、博客等等林林总总，将人分割在不同的信息空间里，很容易导致"老死不相往来"的分裂格局。身处在不同空间里的人往往只会选择自己偏爱的信息，这就很容易形成"信息茧房"效应。因此，在这样一个信息爆炸的年代，要想使学生快速地甄别出对自己有用的信息，就必须要加强学生的信息素养教育。"随着信息时代的降临，在人才培育的目标模式中，一个新概念：信息素养，正在引起世界各国越来越广泛的重视，并逐渐加入从小学到大学的教育目标与评价体系之中，成为评价人才综合素质的一项重要指标。"① 在信息社会中，一个人信息素养的高低，在某种程度上，直接影响到他的学习和创新能力。

2. 合作精神

网络时代的知识生产已经打破了传统以单一学科为基础的个人生产模式，转变为共同体之间的协同生产。"在信息化时代之前，人类知识生产主要是通过个体操作或狭隘的群体操作的途径来实现的。信息技术的缺乏和信息渠道的不通畅使人类认知处于分散的状态。主体认识结构呈现着离散性、盲从性等特征。而信息时代人类知识生产的途径不再局限于个体的操作，而是实现了人类知识生产的社会化、网络化，依靠先进信息网络分工协作、协同攻关。"② 因此，学生要想适应未来知识生产的新形式，就必须要具备与人沟通、合作的能力。所以，在网络时代，教育的内容必须要与时俱进，增强学生的团队意识，加强学生之间的沟通与合作教育，全面提升学生的团队协作能力。

3. 创新能力

随着信息通信技术的发展，建构一种完全智能化的知识管理系统，已经完全可能，它能够将再造性劳动与原创性劳动区别开来，将全部再造性劳动交由机器处理，而人则可以集中精力地从事原创性生产了。因此，在信息社会中，那种重复性劳动已失去了应有的意义，知识生产归根到底必然是原创性知识的生产。而要想真正做到这一点，就只能依靠具有创新思维和创新能力的人才。在未来社会，创新思维、创新能力和创新精神的培育，必然是高等教育人才培养的重中之重，也是一切高等教育的生命线。

---

① 桑新民. 探索信息时代人类文化与教育发展的新规律 [J]. 人民教育，2001（01）.
② 姚俭建. 信息网络时代与人的认识模式演进 [J]. 毛泽东邓小平理论研究，2000（05）.

（二）教育范式的融合：网络时代教育方式的转变

纵观教育的发展历程，可以发现，存在两种典型的教育范式：第一种是科学主义范式。在这种观点看来，教育的本质就是求真，主张用自然科学的方式来从事教学，结果，教学活动成了单纯的知识传授过程。虽然这种范式极大地促进了教育的发展，但也产生了不可避免的局限性：强化外在灌输，压抑了学生的能动性和创造性；强化工具理性，忽视了学生批判精神的培养；割裂了知识与生活的内在联系，忽视了生命本身的价值教育。

也是在反思这种范式的基础上，形成了一种与此相对的人本主义范式。这一范式认为，教育的目的不是单纯的知识传授，而是要培养人的主体性，塑造人的生命价值。可以说，这一范式打破了传统实用主义的教育模式，使教育真正回归到人的生活体验之中。然而，必须看到，这一范式又走向了另一种极端：如果说科学主义范式过分强调理性的作用，忽视了人的情感、非理性和生命意义；那么，这一范式又过分强调了非理性因素，忽视了理性的科学价值。

随着网络时代的到来，这两种教育范式的缺陷已经充分暴露了出来。在未来社会中，知识生产的主导模式不再是个体，而是以团队协作为基础的协同生产。因此，作为人的智力的对象化产物，知识不仅是一种理性的心智结果，同时也是人的本质力量的确证。从这个意义上来看，教育过程不仅仅是一种求真过程，同时也是团队成员分享生活体验和生命智慧的过程。在这里，教育真正回归到科学与人文的统一，实现了对传统两种范式的扬弃，在真善美的融合中，分享人生的真谛。因此，在网络时代，教育方式必然会发生重大改变。

在教育理念上，必须改变传统以教师为中心的灌输理念，形成以学生为中心的智慧启迪理念，尊重学生的主体地位，积极培育学生的内在创造性。所谓教育实际上是一种塑造健全人格的教育，这就要求教师以开放的心态或带着欣赏的眼光来认知学生的学习过程，将它当作一项创造性活动，通过主体之间的平等沟通与交流，全面培育学生的主体地位、沟通能力以及合作精神，系统强化创新思维和反思能力的塑造，使他们在成长过程中确认自我、尊重他人，将知识的学习过程变成生命智慧的分享过程。

从教学形式来看，传统教学往往是在固定的时间、固定的地点，由固定的教师进行的教学过程，由于教师与学生掌握知识的程度不同，由此形成了一种自上而下的权威等级。然而，随着网络社会的到来，教师的权威性受到了巨大的挑战。随着网络课堂和知识共享时代的到来，每个学生完全可以在网上随时随地地接受世界一流教师和专家的教育，这就有效地缓解了由教育资源分配不平等所引起的教育公正问题，也有效地打破传统封闭的课堂教学，使教育变成一种在开放的时间、开放的地点，随时可以进行的横向沟通过程。于是，教学活动就由传统自上而下的等级权威"变为互惠相连的民主制"，变成一种横向的团体体验。

从教学模式来看，必须要打破传统的教学模式，走向以问题为导向的跨学科教育。科学史已向我们清楚地表明，大部分的重大理论突破和科学发现都来源于不同学科的交叉与融合，这种跨学科研究不仅是当前知识创新的关键，而且也是未来知识创新的核心杠杆。因此，在未来教育中，必须要打破专业教育的模式，强化以问题为主导的跨学科教育，设置跨学科课程，全面培养学生的综合素质，为真正具有创新能力的拔尖人才的培养，提供根本保障。[①]

第三节　中小学教育管理概述

教育管理学这门学科是为了深入研究教育管理的，从而使教育工作者掌握其中的规律。从广义来讲，教育管理学也是对全国教育管理进行研究的。而从狭义来讲，教育管理学也是将某一类学校当作研究对象的。关于教育管理，这是常说常新的问题，所以，关于教育管理的理论有很多，不仅如此，也有教育管理的实践模式。

关于教育管理这个话题可以上溯到很早，周朝就设立有大司徒一职，汉武帝时期就出现了一些教育管理制度，直到后来各朝代都有教学制度，可以说很多朝代都制定了一些教育管理制度，比如，隋唐时期的国子监就是十分出名的。清朝初期是国子监制度，而在辛亥革命以后就正式有了教育部这个名字，这也是至今采用的名字。由此可以发现，教育管理有着十分久远的历史背景，其在教育发展的过程当中也有着很大的推动作用。教育管理是教育的重要部分，其关系到整个教学的正常运行，是教育目标实现的关键内容。

一、中小学教育管理的方式与方法

（一）进行合理定位，规范教育教学活动

学校是承担教育教学工作的载体，中小学教育是基础教育，所以一定要给中小学进行合理定位。在以往的教育管理工作中，更多强调的是教师的教学工

---

① 赵春雷. 网络时代新型教育模式的建构与探索 [J]. 成人教育，2014（05）.

作、学生的学习管理等，很少关注学校的总体定位，对中小学的整体管理缺少研究以至于学校出现推着干、靠着干的现象，使得校园没有生机和活力。随着新课改的深入推进，人们越来越意识到学校管理的重要性。学校是进行教育的重要场所，中小学教育对于我国教育体系而言是十分重要的组成部分。因此，应对中小学教育进行合理的定位。在过去的教育管理当中，大部分都是十分重视教师的教学，而对于学生的管理却是有所忽略。因为学校缺乏对自身整体的定位，而且关于中小学管理的研究也不算多，这样，就导致了学校的教育管理工作经常是被推着才展开的。[①]

现阶段，随着我国新课改的不断发展，人们开始认识到教育管理对教育的重要意义。因此，一定要对中小学展开清晰的定位，第一步就是需要对学校的内外环境展开深入的分析，还需要结合社会方面的客观需求，从学校实际的办学情况出发，并且遵循教育的规律，不仅如此，还需要完善学校的教学理念，这可以说是学校教育的方向与灵魂，当学校拥有了清晰的办学观念，才能够让教师全部的教学活动变得更加规范，其对教育活动的管理和指导有着非常重要的作用。现今正是新课改大力推行的时期，在这种大趋势下，中小学可以非常自由地进行发展，而且还拥有很大的发展空间，为此，教育管理者应该坚持将先进的教学理念贯彻在学校的发展计划当中，以此推动学校快速发展，从而打造出良好的校园环境。

(二) 实行民主管理，创设良好的校园环境

虽然人文主义精神早就出现过，不过从实际情况来看，更多的是只说不做，口头上提起得很多，很少有学校真正将民主管理贯穿到校园实际管理当中，不少学校并没有意识到民主管理的重要性。之所以会出现这种情况，主要还是因为很多学校长期受到过去教育管理思想的深刻影响，觉得教育管理者本就需要表现得高高在上，享受权利带来的好处，这样对人的主观能动性造成了十分不利的影响，这种状态下的教育管理自然不行，而校园的氛围也表现得缺乏活力，管理者与被管理者之间也经常发生矛盾，这对校园环境都会造成不利影响。

中小学教师其实有着双重身份，从学校的角度来看，教师也是被管理者，而教师相对于学生而言又是教育管理者。因此，中小学教育管理在实施的过程中应高度重视教师。这一点从古代的教育制度中就可以看出来，虽然古代是封建社会，但教师依旧拥有很高的地位，有时候甚至可以对帝王以及太子进行训

① 吕杨 . 对中小学教育管理工作的一些思考 [J]. 新课程 (中学)，2012 (09).

诚。由此可见，在现代中小学教育管理当中要想真正实现人文主义管理，就应该把教师重视起来，让教师在教学工作中保持积极性，让教师也参与到学校的教育管理中来，为此需要制定相关的管理制度，从而，打造出和谐以及充满人文主义的学校，保证教育的良好发展。

中小学教育管理工作要想提升效率与质量，必须让教师与管理者联合起来，所以，中小学教育管理者必须走下高位，大力开展民主教育管理，将人文主义精神贯彻其中。教育管理者需要和教师展开合作，让教师深度参与到教育管理工作当中。对教师给出的意见，教育管理者需要重视起来，认真考虑，对于好的建议要积极采纳。比如，中小学举行一些教育活动，这就需要让教师参与其中，并且鼓励教师对于教学活动给出一定的建议，这样就可以落实民主管理。在这种管理模式之中，教师不仅是教育管理工作当中的服从者，也是其中的参与者，这样，教师在教学当中也会变得更加积极主动。[①]

（三）关注教师发展，实现"人本"发展战略

以人为本并不是那么容易实现的，在新课改当中，要讲究全面发展。因此，中小学管理者应该加强对教师发展的重视。教师在教学中占据重要地位，学生的学习兴趣受到教师本身素质的影响，必须加强对教师的关注和培养。现阶段的教育管理制度往往都是要求教师需要做好的责任义务，以及他们应该展开的教学活动等。由此可见，现阶段的教育管理制度其实是将教师作为一种教学工具的，忽视了教师真正的价值作用，并未注意到教师的需求以及他们的成长变化，缺乏对教师的培养。这样就导致了教师的整体水平不高，无法满足现阶段教育提出的要求，这对教育事业的发展有着非常不利的影响。因此，中小学教育管理者必须充分意识到以人为本的重要性，深刻认识到教师对学校教育管理的重要性。必须要加强对教师的关注，从而发现更多的人才，并且加以培养。这样就可以打造出一支高素质的教师团队。中小学教育管理者需要通过发展的眼光以及客观的态度对待教师，发现他们的才能并加以栽培。不仅如此，还需要从教师的实际情况出发，需要根据新时代的需求培养人才，让中小学教师队伍变得更加全面。比如，现阶段大力推行新课改，因此，学校需要加强培养信息技术方面的教师，提升教师的信息技术能力。

（四）营造文化氛围，培养更多优秀人才

学校历来是人才培养的重要基地，中小学教育是十分重要的基础教育，应

---

① 乐建怀，陈文能．中小学教育管理的几点思考［J］．中小学实验与装备，2010（01）．

当充满文化氛围。我国拥有深厚的文化底蕴，学校需要将其发扬光大且传承下去。中小学也应该对自身的校园环境进行氛围的营造，如要培养学生的学习兴趣，可以在学校的围墙和宣传栏进行图文形式的宣传，给校园增添浓烈的文化氛围，平时的广播也可以播放一些与校园历史文化有关的文章，让学生在课堂学习疲惫之时，能够感受历史文化的魅力，放松自身的心灵。

不过现阶段还是有一些管理者宁可花费大量的资金与时间去建设硬件设施，之所以如此，是因为这些设施是可以看得见的，更加容易被人们所认可。不过，这些设施虽说十分重要，但学校作为教育基地更加需要精神方面的满足。因此，中小学教育管理者必须注重学校文化氛围的营造，这样，教师与学生就能充分体会文化的力量。比如，学校组织语文教师开展论坛以及辩论会等活动，而英语教师则可以建立俱乐部等，这样可以让中小学校园充满文化氛围，不过中小学要想营造出不错的文化氛围还是需要长期努力。这是需要不断坚持的，需要教育管理者和教师一起努力。在新课改的背景下，中小学教育管理者必须认真负责地管理学校，推动中小学教育的发展，为广大师生打造良好的校园环境。[①]

二、我国中小学教育管理的体制改革

（一）我国中小学教育管理体制改革的现状

教育体制改革包括教育机构的改革与教育规范的改革两个重要部分组成，教育管理体制的建构依据是相关的法律法规，各级各类教育事业的管理构成一种管理教育事业的体系。它规定着教育体制具体实施的机构和教育事业的具体管理机构。而实现和维持其教育管理机构正常运作，需要在相应的规则和制度也就是教育的规范框架下进行[②]。目前在我国教育体制改革中，深入对中小学教育管理体制的改革和实现学校的自主管理是改革的核心。我们要重视基础教育的教育质量与教学水平，而不能仅仅局限于基础教育规模的单一化扩大，其中课程的质量应放在整个教育教学中突出的位置上。正因为这样，我们只有通过不断深化中小学教育管理体制的改革，才能有利于提高整个国家基础教育的办学质量和课堂教学质量。

管理作为人们的一种日常社会行为活动，人是最为活跃的因素。"在学校，主要的人员组成是领导、教师和学生，而教师是学校教育、教学活动中的

①　刘晓松. 中小学教育管理的方式与方法浅议［J］. 内蒙古教育，2019（02）.
②　陈登福. 中国基础教育管理体制改革研究［D］. 武汉：武汉大学，2015.

主导者，他们直接面对的是学生①。而学生是其余成员的服务对象，是教育、教学活动中的主体。"因此，中小学教育管理体制道德改革应当改变固有的、呆板的、单一的师生管理模式，教师的任务不单单是向学生传输知识，学生的本职也不仅仅在于听从教师的指示和获取他们传授的知识，我们应当引导他们参与到学校的管理与教学改革当中，激发他们的主人翁意识，充分调动教师与学生的积极性，从而建立一套完善的、合理的、科学的、有活力的日常管理体制，促进教育模式的全面升级，增强教育事业的整体活力。

从我国教育体制改革有关权力下放的进程中不难看出，简政放权一直是改革开放以来我国基础教育体制改革的主旋律。在这样一个不断发展的进程中，权力下放受不同时期的经济与政治因素的影响，也是在曲折中前进。从最初的权力较为集中的大一统管理，到简政放权的进一步完善和发展，政府逐步将权力下放到教育行政部门直至管办评分离与"放管服"的有机统一，各级各类教育行政部门和学校也随之经历着最初教育工作方式的刻板，教育活力缺乏，教育管理主动权相对缺失到学校能够根据需要因地制宜地发挥应有的办学自主权、管理权。一方面，实现了政府对于中小学教育事业的宏观统筹与战略管理进而对中小学管理体制提出方向性引领性要求；另一方面，也激发了学校的办学活力，调动学校、记者、社会各界参与学校管理的积极性，为我国教育管理体制改革开辟了良好的局面。

(二) 我国中小学教育管理体制改革面临的问题

虽然我国中小学体制改革有了一定的成效，但是，反思我国中小学教育体制改革的现状，仍然存在如教育管理权限下放力度不够、教育管理监督体制不够健全、教育管理体制责权不够明晰等弊端②。

1. 教育管理权限的下放仍有一定空间

由此导致了教育管理体制运行的活力不够以及教育管理体制法治建设急需进一步完善。虽然与之前相比，我国现阶段的教育管理体制层次逐渐分明，权力也相对较多地下放至学校，但地方学校所拥有的权力明显不能够满足学校快速高质量发展的需要，造成了地方教育部门为完成中央的任务和要求而不能兼顾地方学校、学生和家长的实际和利益，另外，统一的教学大纲、课程设置以及考核评价标准等也造成了中小学教育管理在一定程度上缺乏创新和活力。同时，教育行政部门的各种规章制度繁多，每个部门的实际情况不尽相同，使得

---

① 张惠娟. 关于我国中小学管理体制改革的方向性思考 [J]. 教学与管理, 2011 (04).

② 李宜江. 对中小学校内部管理体制改革的思考 [J]. 教育科学研究, 2009 (04).

行政部门缺少系统性的把握，各规章制度的实施情况也较少能得到及时反馈。

2. 监督机制的有效性有待进一步加强

监督机制是一个封闭完整的教育管理体制重要的构成部分之一。任何一个完善的中小学教育管理体制都离不开监督机制的建立。它不仅能保证教育体制管理的科学性，同时能够实现教育管理体制的有效性，保证中小学教育管理体制在规范的轨道上前行。

目前对我国中小学教育管理体制起到重要作用的我国教育督导制度，兼具督政与督学是其主要的工作范畴，承担着监督、指导、反馈等职能。但是，我国教育督导制度无论是在教育督导机构设置、教育督导人员专业化建设以及教育督导与教育行政管理等方面都需要进一步明确，改变我国教育督导重"监督"轻"指导"的弊端。同时，为了克服由于信息不对称导致公众理性无知的弊端，应加强信息公开制度的建设，保证公众参与中小学教育管理。

(三) 我国中小学教育管理体制改革展望

在我国管理体制不断改革与发展的背景下，在新时期管办评分离的要求下，在"放管服"有机统一管理体制机制的运作下，我国中小学教育管理体制改革也需要在其决策体制、执行体制、咨询体制、监督反馈体制等方面的进一步发展。

1. 明确中小学教育管理机构的决策体制

现如今高等院校的教育管理体制多为党委领导下的校长负责制，而中小学的教育管理体制则是单一的是校长负责制，党支部负责保障与监督工作。我们应当明确中小学教育管理机构的决策体制，在坚持以党委领导下的校长负责制的前提下，保证多方利益主体参与的多元的中小学教育管理决策主体，保证中小学教育管理机构决策的科学性与规范性。同时，学校中的每个人对学校管理的质量都有着非常重要的影响，因此要坚持以人为本，以学生为本，将学生的发展作为学校教育体制改革的最高宗旨和核心理念[①]。

2. 理顺中小学教育管理机构的执行体制

理顺中小学教育管理机构的执行体制，实际上就是理清中小学的行政部门与每个教学部门之间的关系。中小学的职能部门越来越多，甚至出现了众多的处室与科室，而教学部门则长期只设置一个办公室。这就意味着一个办公室的工作人员要应对上面所有科室的工作。因此，应当合理的设置中小学的行政职能部门，减少一些不必要的部门设置。

---

① 戴新利. 深化中小学管理体制改革的策略 [J]. 教育探索, 2008 (04).

3. 加强中小学教育管理机构的咨询体制

现如今绝大部分中小学都还没有咨询体制，即使一些中小学设立了所谓的咨询体制，也没有在学校的日常实际工作中发挥成效，一些具体表现为仅仅是召开学校内部的教职工代表大会。中小学在日常的管理与教学活动中有很多涉及专业方面的重大问题，教师作为学校的基层群体，无法真正做到科学、合理、准确的决策。因此，我们应当在中小学中设立专门的、符合自身学校发展的咨询体制。

4. 改善中小学教育管理机构的监督反馈体制

监督反馈机制是完整的教育管理系统中重要一环。一方面，通过监督与反馈的手段，保证中小学教育管理机构管理的科学性，实现中小学教育管理效能。其中，教育管理体制的法治化与规范化是最为刚性的约束，教育立法的完善，教育法治的建立都是保证中小学教育体制监督反馈得以实现的根本保证。另一方面，从中央到地方建立起的教育督导机构，在保证监督国家教育法律法规和教育政策的有效实施的同时，在服务与指导学校和教师的教育教学发展专业化方面发挥作用。[①]

第四节　网络时代对中小学教育管理的影响

一、网络时代对管理模式的影响

（一）传统模式的改变给管理工作带来难度

现在的电视、电台、网络等媒体对学生生活的影响，无形中改变了学生的认知和价值观的走向，信息多元化，价值观多元化，给管理人员工作造成很大的不利影响。这些媒体的出现改变了原有的管理教学模式，学生比以往更快捷地获取信息，这些信息良莠参半，学生辨识能力差，新的环境改变了原有的管理模式，教师的管理地位也受到了威胁，为了更好地进行思想政治教育，教师们就应该准备好新的姿态面对新的挑战。

教师应该以网络为工作，学习网络工具的应用，加强学生的思想品德建

---

① 马一先. 我国中小学教育管理体制改革的反思与展望 [J]. 新教育时代电子杂志（学生版）》，2019（43）.

设。随着学生对网络的掌握越来越熟练，学生的自主性也在变强，所以教师要利用网络这条渠道，帮助学生建立正确的"三观"。

（二）教育管理工作的主体地位受到威胁

网络已经成为生活中的一部分，学生受到网络影响越来越深刻。网络的多元化影响着同学们思维方式的多元化，所以，思想教育的主体地位受到了威胁。因为网络普及的迅速，浩瀚的信息资料虽然开阔了学生的视野，但是信息鱼龙混杂，同时有不健康的信息在流传，所以教师要及时进入网络管理工作，教师的思想教育在网络的威胁下，不占主体地位，易被学生们忽视。

（三）学生个体行为的改变

互联网克服了地域、时间的约束，虽然人们的信息交流变多，但这其中掺杂着许多不良的信息，误导学生的思维方式。虚假信息充斥在网络上，教师不能完全过滤虚假信息，很多会影响学生的个体行为，那些已受到影响的同学，会在健康成长中埋下了隐患。青年在培养自己信念的同时受到了网络的冲击，个人对网络信息的把控显得薄弱。因为网络社会存在道德失格，个人形式受到网络虚拟的洗礼，学生还未接触社会，对网络道德和法制观念显得意识不强，所以教师应该做到维护网络的安全控制，同时，要注意学生的网络依赖，通过网络对学生及时地进行心理辅导。

二、管理工作者素质的影响

网络已经成为人们工作、学习、生活不可或缺的一部分，当今世界，网络已经成为西方国家对我国意识形态进行文化侵略和渗透的重要途径。面对复杂的国际政治局势，面对快速发展的网络科技，面对思想日益复杂的受教育者，学生管理工作者的政治素质、电脑技术、能力水平正面临严峻的考验。

首先，管理者必须要跟上时代，如果孤陋寡闻，不善于捕捉网上各种各样的思想信息，去伪存真，有的放矢，就会使教育管理工作的有效性大打折扣。

其次，校教育管理工作者如果自己没有坚定的政治信念、没有对共产主义的崇高信仰，就很容易在形形色色的网络文化中丢失自己，误导学生。

最后，如果没有熟练的电脑技术，不善于借助最新的软件工具，必然无法满足学生接受思想政治教育的需要。思想政治教育工作者作为服务学生健康成长的导师，也是学生学习的榜样，在此情况下，必然会面临能力与素质方面的挑战，所以只有不断地学习、提高认识、提升能力，才能成为一名合格的思想政治教育工作者。

在当今网络发达的环境下，如果想借助新媒体工具开展工作传播信息，还需要教育管理工作者具备一定的网络应用能力，因此学校应该在有条件的前提下，在一定程度上对教育管理工作人员进行电脑及网络建设等技能的培训。作为学校教育管理工作者，在学校没有培训之前，自己也要抽时间主动充电学习，"活到老学到老"，作为教师更要积极为学生的学习树立榜样，只有管理人员具备了相关的网络能力，才能在日常的工作中发挥好网络优势，才能真正做到提高管理工作效率。①

---

① 王荔雯. 移动互联网时代高校教育管理模式改革与实践研究 [M]. 北京：中国原子能出版社，2018：118-119.

第二章　网络时代背景下中小学校园文化建设

　　校园文化是学校财富与精神财富的总和，即学校范围内的知识、艺术、思想、制度、道德、校园风尚、行为习惯及学习环境等一系列对学生的素质发展起到影响作用的，经过有目的组织改造、利用而形成的各种师生文化形态。营造健康积极的校园文化有着非常重要的作用。本章主要从校园文化建设概述、中小学校园文化建设的现存问题与解决对策、中小学数字化校园网络文化建设研究、文化生态视野下学校的特色发展这几个方面来分析和研究网络时代背景下中小学校园文化建设。

第一节　校园文化建设概述

一、校园文化建设的原则

（一）"以文化人"原则

　　"以文化人"的校园文化建设原则的归宿是"儒化"和社会化。①"儒化"是一个全方位的学习文化过程，社会化则是人类社会对人类自身所制定的一套强制性的要求。"儒化"倾向于个人如何实现社会化，而社会化则倾向于群体如何实现社会化。不仅要求文化营造者们强调群体的社会化，而且更应注重个人的社会化。

（二）继承和创新原则

　　文化发展如同生物发展一样，时时遵循新陈代谢的规律，这是我们讨论继

<hr>

① 邓和秋.高校校园文化建设研究［M］.哈尔滨：黑龙江人民出版社，2008：22.

承和创新原则的理论基点，因为继承和创新与新陈代谢之间的本质性联系就是基于新陈代谢原理的。马克思主义经典作家曾说过这样的话，"人们自己创造自己的历史，但是他们并不是随心所欲地创造，并不是在他们自己选定的条件下创造，而是在直接碰到的既定的、从过去继承下来的条件下创造。"① 根据这一原则，文化继承和创新有三种形态，既对某些内容和形式都已经陈旧，并且已经失去了生命活力的文化，我们应给予淘汰、去除；保留某些仍然有其"合理存在"性的文化形式，革新其内容：在文化营造时，对一切有利于新的时代新的社会生活发展的文化内容和形式要大力提倡，使之发扬光大。

（三）合目的性原则

合目的性原则即在讨论文化建设是如何实现我们所预想和期望的文化，如何利用客观条件等时应当遵循的原则。它包括四个具体的问题：即如何处理好与社会大文化的关系；如何在教育方针的指导下，实现各种教育目的；如何因地制宜地建设校园文化；如何使所建设的校园文化达到"整合性的统一"。

二、校园文化建设的内容

（一）校园物质环境建设

校园物质环境是指那些在自然环境基础上经过人改造的、直接属于"人化"产品所构成的环境，属于校园文化的物质文化层面。校园物质环境是校园文化的物质性载体，是校园文化赖以产生发展的基础。抓好物质环境的建设是校园文化营造的前提性条件。校园物质环境的建设要注意的几个问题是：校园建筑的实用和审美的有机结合；教学与生活设施要相对完善；在营造校园物质环境中要注意软硬件工程的有机结合。

（二）校园社会环境建设

构成校园社会环境的内容多种多样，包括：法律意识与民主精神方面的内容；教育方面的内容；公益方面的内容；人际关系方面的内容；师生员工社会生活方面的内容。其形式主要有学校规章制度、学校道德规范、学校公约等。

（三）合目的性文化人建设

合目的性文化人的建设是校园文化营造中最本质性的内容。因为无论是物

---

① 马克思，恩格斯. 马克思恩格斯选集（第1卷）[M]. 北京：人民出版社，1995：585.

质环境还是社会环境的建设，其最终月的都是为校园文化的主体——学生服务的，都是为了培养人、塑造人，都是为了提高人的素质。

（四）学校精神培育

学校精神是一个学校的校魂，它是校园群体的共同理想和价值取向，它既是深层的群体意识，又是群体的向心力和凝聚力。因此我们应当主要通过对学校精神的培育来建设校园文化。校园精神是爱国精神、科学精神与人文精神、伦理精神、民主精神等的统一体。

三、校园文化建设的核心

（一）培育学校精神的指导思想

必须面向现代化、面向世界、面向未来，体现时代精神，适应社会主义现代化建设的要求，自觉归属于教育改革和发展的整体范畴。必须有利于党的教育方针的贯彻落实，必须有利于学校培养目标的实现，必须有利于多出人才、快出人才、出好人才。必须服务于社会主义精神文明的建设，必须有助于建设文明健康的现代人的生活方式。必须有助于学生掌握坚定的政治方向，必须有助于学生确立远大理想，树立正确的人生观。

（二）培育学校精神的基本思路

1. 要有哲学思想的导引

学校精神实际上反映了一所学校特有的哲学思想，这种哲学思想，既是学校建设思想的高度概括总结，又是时代精神的精华。因此，学校精神如果要准确体现文化传统和时代精神的交融，就不能离开哲学的引导。

2. 要有合理的价值取向

学校精神的培育，关键是要校园人塑造学校的共同价值观。因为共同的价值观能无冲突地决定学校一整套的思维方式、工作态度和行为准则。合理的价值取向是社会性、合目的性和合现实可能性的统一。所以，价值取向的选择应当同时考虑以下两方面的环境：一是外部环境。党和政府的路线、方针、政策是学校工作的指南。党和政府在特定历史发展阶段的工作重点以及由此引起的各项社会变革及社会需求，对学校的工作起着具体的调解作用。我们不能离开党的事业和社会发展的要求去确立学校的价值观念，否则，学校将走向歧途；二是内部环境。包括学校的构成状况和成员的需要、动机等。这些心理素质和思想认识水平，是学校追求的社会价值能否被其成员认同，能否转化为现实可能的决定性因素。总而言之，合理的价值取向应该是共性与个性、时代色彩和自身风格的融合。

3. 重在引导人们的实践，切忌把学校精神演变成一种空洞的号

要通过校园人的实践，对学校精神进一步提炼概括，又以此指导实践，使之渗透到校园的各个方面，并在不断实践中升华和弘扬。

4. 确立正确的舆论导向、理论导向和政策导向

无论是宣传教育、理论研究，还是在制定政策的过程中，都要充分体现、发扬、激励那种催人向上、健康而富有生机的精神。为此，要注意两个问题：一是利用各种传播媒介和大众宣传工具，大力宣传学校的价值目标和行为准则，伸张正气，抑制歪风；二是对自发的舆论做出理智的审视，合理的给予支持，不合理的给予耐心的引导。

5. 发挥学校领导和教师的带头作用

群众看领导，学生看老师。[①] 要有效地培育学校精神，学校领导和教师必须是学校精神的集中体现者。具体来说，一是对学校精神持坚定的信念，让人们真实地感到其实现的可能性；二是率先实践学校精神，并用自己的模范行为对人们产生潜移默化的影响；三是在各项工作中集中体现学校精神，使抽象的学校精神转化为具体的生动的形象，帮助人们认识、理解、体验以至认同。

6. 发挥校园典范的榜样作用

校园典范是学校精神的人格化，是指思想品质高尚，学习、工作成绩显著并为师生员工公认的享有较高威望的人，是校园这个特定的文化区间内涌现出的正面典型，是校园文化人共同树立的旗帜。通过校园典范可以集中地反映出校园人这个特定群体的精神面貌、思想素质、价值观念和生活行为方式。在培育学校精神过程中，发挥校园典范的榜样作用既有必要也有可能方面，校园人在目标行为中需要不断调整自己，而这种调整又是在社会比较中实现的。校园典范可作为社会比较参照，他们以自己的行动以及由此获得荣誉而生动地向人们显示应该做什么和怎样做从而使校园人学有榜样。另一方面，校园典范的个性特征和实践活动真实地体现了多数校园人的共同价值追求，因而内在地成为学习的楷模。另外，校园典范生活在校园人身边，朝夕相处，他们的形象最为直观，事迹生动感人，学习起来最为方便，利用身边人教育身边人，同龄人教育同龄人最有效力。

---

① 傅真放，等. 全程育人　成人成才　大学生成长成才之路 [M]. 桂林：广西师范大学出版社，2008：36.

(三) 学校精神的作用及其发挥

1. 对校园文化建设的凝聚作用

所谓凝聚作用，是指在建构校园文化时，在物质的行为的、制度的文化上都必须贯彻科学、伦理、民主三位一体的学校精神，包括对异质文化的吸收必须有利于这种精神的发扬光大。因此，在校园文化的构建过程中，必须始终坚持以学校精神为准则，考虑校园文化的特点，以保证校园文化各要素之间在履行自身职能中形成有机的内部联系，相互依赖，相互制约。例如，行为文化始终把学校精神作为准则来奉行；制度文化通过学校精神的内在监督发挥其功能等。

2. 对建设特色学校的促进作用

学校精神作为校园文化的集中表现和高度凝聚，其建构的重要意义不仅体现在它对内能创设出个积极健康、团结向上、影响校内成员价值选择、人格塑造、思维方式精神风貌、道德情感、行为习惯等关系学校教育质量优劣的教育环境和组织氛围；同时它对外表现了学校的魅力和个性所在，以及学校的哲学信念和目标要求。而独特的魅力和个性构成了一所学校的特色。学校若缺少或失去自己固有的特色，自然也就不具有吸引社会的巨大魅力和竞争力。例如，剑桥牛津、哈佛、北大、清华等中外名校之所以魅力经久不衰，就在于他们始终坚持和弘扬自己的优秀传统，富有特色的传统使他们立于不败之地。

3. 对培养全面发展人才的塑造作用

学校精神以其科学、伦理、民主统一的精神品格，对应于学生作为认识主体、伦理主体审美主体、现代生活主体的统一体，在培养全面发展人才的教育过程，起着根本性的塑造灵魂的作用。具体表现在：

第一，有助于培育学生崇尚科学的精神。这主要表现在对真理的执着追求上，学科学、用科学、尊重科学。要培养学生探索真理、坚持真理，在真理面前人人平等，并为真理而献身的坚定信念和坚强意志，使科学精神渗透到灵魂之中，从而使学生的思想和生命紧密地与科学和真理相联系。通过科学精神的发扬，培养严谨的治学态度、勤奋求是求实的学风。

第二，有助于培养学生求善求美的精神。求善，主要体现在世界观、人生观、伦理道德观等方面的价值判断上。求美，主要体现在审美实践上。学校培养出来的人才，应该能够正确认识人类社会发展的规律性，并能较正确地认识显示社会生活中各种复杂的问题，应该具有一种历史使命感，一种责任和义务，一种正义感和正直的品质，种牺牲精神和坚定信念，一种爱校校和爱国报国之心，一种团结互助、扶弱救贫、为人民服务的思想意识。要鼓励学生大胆追求美发现美，创造美，培养其正确高雅的审美意识；要引导学生按照美的规律陶冶自己的心灵、性格，规范自己的行为仪表，使得每一个个体和整体校园洋溢着美的气息。

第三，有助于培养学生拼搏向上、争先创优的精神。在当今激烈竞争的社会条件下，要勇于竞争，善于竞争，并力求进步，争先创优。这种拼搏竞争精神的发扬，既使得校园充满生机和活力，又有利于学生形成自强不息、奋发向上的心理个性。

第四，有助于培养学生的创新精神。由于学校本身的一个重要职能就是总结、继承和传播人类优秀文化成果，因此，在继承基础上的创新就显得非常重要和迫切。作为高度的知识密集和智慧卓越的学校，创新精神的发扬和创新成果的出现正是其充满活力和发展的重要标志。甚至可以说，创新精神是学校精神和校园精神文化的种综合体现。

第五，有助于培养学生的自爱、自尊、自立、自强的生活态度。培养学生对学校和集体较强的归属感，在对学校精神认同的基础上，发展自己的个性，完善自己的人格。

4. 对传统民族文化的更新作用

学校精神对传统民族文化的更新，是相对于传统的校园精神而言的。[①] 因为校园文化是民族文化的一部分，校园精神具有民族精神的一般特点，因而现代学校精神对传统文化的更新，主要通过对传统校园精神的继承和改造而实现的。具体表现在：

第一，向外追索与向内探索的统一。即科学精神与人文精神的整合。科学追求真理，探索自然与社会发展的规律，是向外探索；追求至善，注重个人的修身养性，是向内探索。传统学校精神的一个重要缺陷就是只求道德上的向内探求，忽视科学上的向外追索的精神。校园精神显然要弘扬追索的科学精神。但是如果只有科学精神而没有伦理精神，只能导致人格的单薄、精神的畸形。

第二，个体至善与社会至善的统一。即伦理精神与民主精神的整合。传统学校精神的重要弱点是只追求个体完善而不追求社会全善。虽然治国平天下也是一种兼善天下，但它只是伦理上的追求，而不是追求社会的公正合理。西方文化精神的重要特点是：只求社会合理，不求个体至善。社会主义教育培养的是既有高尚的道德人格，又能为追求社会公正与社会合理而奋斗的接班人。只有把伦理精神与民主精神结合起来，才能达到个体完善与社会完善的统一，从而造就既有崇高道德又能造福社会的人才。

---

① 王邦虎，等. 校园文化论［M］. 北京：人民教育出版社，2000：153.

第三，科学意识与民主精神的统一。传统学校精神的又一弱点是只注重道德价值，忽视科学价值；只重社会价值，不重个体价值。社会主义教育培养不仅是具有丰富的知识与崇高德行的学者，而且还应该是为社会理想而奋斗的战士。只有这样，才能最大限度地实现科学价值；同时又使民主的精神具有可靠的基础。

四、校园文化建设的功能

(一) 导向功能

校园文化建设是一种特殊的风向标，具有很强的引导作用。在学校校园文化发展建设中，巧妙地将社会主义核心价值观融入进去，就可以在潜移默化中对在校师生的人生观、价值观产生巨大的影响，从而帮助人们树立正确的价值理念，为社会和国家做出自身的贡献。因此，必须要始终坚持校园文化建设的导向功能，提升学生的思想觉悟。

(二) 陶冶功能

校园文化建设可以营造出一种环境和氛围，这种文化氛围具有隐性思想政治教育的功能，如春风化雨一般，浸润和陶冶着学校师生员工的性格和灵魂。从本质上讲，这种陶冶功能就是一种文化的传播与接收。通过在校园内传播某种思想文化，促进学生进行了解、学习、吸收进而转化为自身的行为规范，这个过程就是陶冶功能。而要实现陶冶功能，就要求学校增强校园的文化氛围，多举办一些具有人文价值的文化讲座、艺术欣赏等，这些都可以达到陶冶效果。

(三) 凝聚功能

每一所学校都会拥有属于自己的学校发展历史，都会拥有属于自己的校训、校徽、校服、校歌等。① 这些文化概念是在校师生都会信仰和拥簇的文化，长此以往，这些拥有共同信念和理想的人就会产生强大的向心力，这就是校园文化的凝聚功能。这种凝聚力具有巨大的能动作用。学校要善于运用这种凝聚力将学生的荣誉感、使命感调动起来，鼓励学生为了实现共同的目标不断前进。

---

① 常丹.基于校园文化建设的大学生社会主义核心价值观培育研究 [M]. 长春：吉林人民出版社，2016：27.

（四）激励功能

不管是学校校园物质文化还是学校校园精神文化，只要是积极的、健康的和向上的文化就有利于形成种浓厚的竞争氛围，在这种激励的环境中，学生在情感上很容易受到感染、触动和激发，通过这一功能在学校校园中弘扬社会主义核心价值观，宣传积极向上的正能量文化，就会引起学生的触动，产生发奋图强、昂扬向上的精神状态，从而实现自身理想。

（五）规范功能

学校校园文化中的制度文化具有很强的规范功能。制度文化正是通过制定与学校相关的准则、规范来实现对学生行为的纠正。这种规范功能可以帮助在校生养成良好的生活、学习习惯，培养出真正优秀的人才。此外，精神文化行为文化通过潜移默化的浸染也在一定程度上具有规范作用。

第二节　中小学校园文化建设的现存问题与解决对策

近年来，我国教育事业发展十分迅速，教育部门也越来越重视学生综合素质的培养。为了更好地保证学生学习效率，中小学应该更加注重建设校园文化。但是，当前很多中小学对校园文化的界定不清晰，不同学者与专家的观点差异比较大。不同观点发生了剧烈的碰撞，导致校园文化建设也出现很大的不确定性。在这种情况下，针对当前校园文化建设中存在的问题，然后实施相对策略，有效建设中小学校园文化意义重大。

一、中小学校园文化建设的现存问题

（一）校园文化趋于表象化

受传统教育模式的影响，现在很多中小学生对校园文化的认识依然处于十分表面的层次，觉得校园文化建设只是一种单调的活动，没有充分认识到校园文化建设的价值与意义。在这种情况下，校园文化建设也更加趋于表象化。加上当前互联网技术的影响，网络上各种不良的思想与观念对学生冲击比较大，很多学生不愿意参加集体活动，也不喜欢受到规则的束缚，更愿意待在自己的世界当中，不善于与人交流，久而久之，学生生活状态、思想价值观念都会受

到比较大的影响。

(二) 校园精神文化建设重视程度不足

近年来，我国开始大力推行素质教育，但是，应试教育在我国运用时间比较长，对教育理念、师生观念都有比较大的影响。加上中小学生面临着比较大的升学压力，在这种情况下，学生开展素质教育效果不明显。大多数学校对精神文化建设重视程度不高，在日常教学与管理当中，依然更加注重考试科目的教学，一些文化活动开展也受到比较大的局限。在这种情况下，中小学校园文化建设进度被严重拖慢。

(三) 校园文化建设较为松散

在中小学管理中，校园文化建设比较系统而复杂，不是一朝一夕能够完成的。想要更好地建设中小学校园文化，还需要全面考虑各种因素，从各个方面入手推动校园文化建设和发展。但是，当前大多数中小学校园文化建设比较松散，学校各资源整合也存在比较大的问题。学校领导在实施校园文化建设时，没有了解和考虑学校基本情况，也不明确教育的最终目的，导致文化建设达不到理想的效果。

二、中小学校园文化建设问题的解决对策

(一) 物质与精神文化建设要并驾齐驱

受传统教育观念的影响，中小学领导在建设校园文化时，没有充分考虑到学生的基本需求，过于注重物质文化建设，而忽略了学生的精神文化建设，导致中小学生精神文化建设出现严重的问题。久而久之，学生精神世界空虚，对学生未来的发展影响巨大。因此，中小学校园文化建设中，需要物质文化与精神文化建设并驾齐驱。管理中充分注重精神文化建设的重要性，并且将精神文化建设提到校园文化建设的日程中。鼓励师生积极参与校园文化活动，从而更好地建设校园文化。

(二) 建立专门领导班子负责校园文化建设

校园文化建设是校园管理的重要环节，因此，想要在中小学校园文化建设中，更好地丰富学生物质与精神世界，还需要建立专门负责校园文化建设的领

导班子。① 可以由学校校长担任领头人，然后将骨干教师、学校领导等纳入领导班子中，针对当前学校的实际情况，积极找寻校园文化建设中存在的问题，然后提出对策，确保校园文化建设能够有效开展。

例如，学校可以借鉴其他校园文化建设优秀案例，成立校园文化建设领导班子之后，再组织学习，不断提升领导班子校园文化建设意识，从而更好地保证校园文化建设水平。

（三）中小学校注重打造独特的校园文化

在中小学校园文化建设中，想要真正建设优秀校园文化，就必须具有自己的特色。因此，学校在建设校园文化时，应该充分了解学校的办学理念与办学宗旨，了解学校基本情况与学生基本情况，再根据学校基本情况打造出独特的校园文化。在寻找自身文化特色时，学校可以从办学宗旨、教学理念以及当前学校的基本情况等方面入手。同时，还可以采用民意调查的形式，类似设置调查问卷等，了解学生对特色校园文化的想法。确定校园文化特色后，学校需要充分重视起来，加大校园文化建设宣传，在平时的校园建设与管理中，融入校园特色文化，从而潜移默化地影响学生，逐渐形成属于自己的特色校园文化。

例如，一些学校可以围绕"严以律己，宽以待人"的校风建设为特色，然后在校园文化建设中，突出这个主题，让全校师生充分了解与执行相关理念，学校可以建立校园文化相关网站，将"严以律己，宽以待人"为主题的校园文化建设相关理念与措施上传上去，同时，要求各年级、各班班主任与教师积极配合特色校园文化建设，在日常管理与教学中，将特色校园文化融入其中。还可以在学校张贴相关宣传海报、标语等，制定一系列相关制度，将校风建设变为一种独特的校园文化。

中小学校园文化建设属于学校管理的重要内容，做好校园文化建设意义重大。因此，学校领导应该积极分析当前校园文化建设当中存在的问题，然后通过物质与精神文化建设要并驾齐驱、建立专门领导班子负责校园文化建设、中小学校也要注重打造独特的校园文化等方式，做好校园文化建设。

---

① 顾新章. 中小学校园文化建设中存在的问题及对策探讨［J］. 中学课程辅导（教学研究），2018（18）.

第三节　中小学数字化校园网络文化建设研究

　　随着当代信息技术向教育渗透的不断深入，数字化校园建设目前已为广大中小学所接受，成为学校建设新的发展方向和体现办学水平的标志之一。数字化校园是以网络为基础，利用先进的信息化手段和工具，实现从环境（包括设备、教室等）、资源（如图书、讲义、课件等）到活动（包括教、学、管理、服务、办公等）的全部数字化。[①] 在传统校园的基础上构建一个数字空间，以拓展现实校园的时间和空间维度，从而提升传统校园的效率，扩展传统校园的功能，最终实现教育过程的全面信息化。如果说数字化校园建设的初期主要解决的是网络硬环境的建设、网络的维护与保障、校园网络的资源建设和校园网络的有效应用，那么在更高层次上应是一种与数字化校园相匹配的新型校园文化的建设。

　　校园文化的形成和发展与社会主流文化和学校的建设发展密切相关，经过历史的积淀、升华和提炼，校园文化一旦形成，就会成为影响校园人的思想、行为的巨大精神力量。这种精神力量是无形的，它对启迪人的心灵、净化人的内心世界具有其他任何教育形式所不具有的功能。数字化校园网络文化，不但具有传统校园文化教育、引导、渗透、规范等功能，同时因其与具有虚拟性、交互性、即时性、开放性、广泛性等特点的网络的结合，而在形式和内容、空间和渠道、教育的广度和深度上都实现了新的拓展。因此，树立跨时空的现代校园文化观，建构独具特色的校园网络文化，形成个性鲜明的校园文化精神品格，是中小学数字化校园建设的重要内容。

一、数字化校园网络文化与传统的实体校园文化的关系

　　校园文化是以校园为主要空间，具有校园特色的精神环境和文化氛围。校园网络文化是在校园网络环境下产生的一种新的文化形态，它自然而然地体现和反映了实体校园文化的某些形式和成果，两者之间存在相互依存、相互补充的关系。

---

① 万里鹏，陈雅，郑建明. 数字化校园：21 世纪大学的概念模型 [J]. 情报科学，2002（02）.

（一）校园网络文化以实体校园文化为基础

网络是对现实的虚拟，校园网络文化在一定层面上是对实体校园文化的虚拟。也就是说，以现实校园为基础是构建校园网络文化的基本形式。我国目前的校园网站的内容大多是学校自身建设和发展及师生学习、工作、生活的再现，同时，也包括了师生的一些建议和设想，只是出于各个学校自身的情况不同，对于这些内容的侧重有所不同而已。

（二）校园网络文化是对实体校园文化的发展

校园网络文化的传播突破了传统的空间和时间的限制。实体校园文化主要通过社团活动及学术研讨、专题报告、讲座等形式进行传播，其面对的对象一般是校内的部分师生，同时上述形式在一定程度上受到时间和空间的限制，这就影响了其传播的速度、深度和广度。而今，由于网络的介入，学术研讨、专题报告、讲座的内容可以生动地再现于网络媒体，个人可以根据自己的爱好和兴趣，有选择地观看，这大大促进了校园文化的传播，提高了校园文化的影响力，实现了文化的跨群体交流。

（三）校园网络文化是对实体校园文化的延伸和补充

网络载体具有更强的社会辐射性。校园文化愈来愈呈现开放的态势，构建全新的、健康的校园文化网络能使校园文化以自己独特的风貌辐射社会，影响社会气候。校园网是沟通学校与外界的窗口，利用它既可以从校外获取各种信息，也可以向外发布各种信息，传递学校的特色文化。外界也许无法进入到实体校园中感受学校的文化气息，但是可以通过校园网的浏览，在这个数字化空间感受学校的文化特色。这对于学校的宣传和社会影响力的提高有着重要意义。

二、中小学数字化校园网络文化建设的内容

校园文化作为文化的一个单元，其内涵是指学校全体成员在教育活动过程中共同创造并逐步形成的文化氛围及相应物质形态。中小学校园网络文化与传统实体校园文化一样，包括基层的物质文化、表层的行为文化、内层的制度文化和深层的精神文化。

（一）中小学校园网络物质文化建设

物质文化是学校校园文化的物质外壳和承载体。在物质层面上，与传统校

园文化相比，校园网络文化中增加了很多信息技术和通信设备及资源，网络已成为最重要的校园网络文化的物质依托。中小学网络文化建设的物质层面主要包括校园网、多媒体计算机演示教室、电子网络教室、电子阅览室、远程教学信息网络系统，用于教和学的各种支持系统及用于各种教育资源、教育设施管理的管理信息系统等。[①]

网络化的校园文化体系要得到有效的运用，首先，必须建立校园网站。而从实际来看，目前中小学校园网站建设水平良莠不齐。许多中小学的网站不是为了搭建教育信息化平台，为学校信息化提供全方位的服务，利用校园网从各个方面去推动和促进学校的校园文化建设，而只是为了应对检查设置了一些诸如学校介绍、教师风采、公告通知、校园新闻、备课资料等板块，内容简单，更新较少，造成校园网几乎是千校一面、形同虚设，未体现学校的办学特色和独特文化风貌。因此，校园网络物质文化在建设中应突出文化品位，建设集技术、文化、知识、精神于一体的特有的文化精神品格。这样不但可以使学校的精神积淀得以凝练和展现，增强学校师生的凝聚力，而且可以面向更广阔的时间和空间宣传和辐射学校的文化魅力。

其次，校园内的许多教学与管理行为以及教学资源都将通过校园网络来实施，传统课堂中的教师、学生、教材三元素都与网络建立了千丝万缕的联系。网络为人类提供了广泛的学习资源和最丰富的学习环境，为资源共享和探索信息时代的学习方式提供了物质基础。因此，在数字化校园网络物质文化建设中应注意为师生提供丰富的资料，如设立"数字图书馆""文化广角""同步课堂""答疑解惑""名师指导""留言板"等板块，充分体现以学生为主的理念，实现学生的个性化学习、主动性学习；"课件库""教师论坛""校本研修"等板块不仅可以为教师提供教学资源，同时为教师不断提升自身素质提供平台；此外，家长也可以通过"家长园地"等了解学校、学生情况，学习家庭教育常识等。

(二) 中小学校园网络行为文化建设

行为文化是校园文化的动态层面，体现着校园文化的独特风貌。校园网络文化与传统校园在外显上最明显的区别体现在行为层面上。依靠网络，学生的学习方式和交往的方式发生了变化，他们可以灵活地使用语言、图形、动画、影像等手段来理解和记忆学习内容；借助文字教材、音像教材、网页和多媒体光盘等载体进行学习；通过电子语音信箱、电子邮件、BBS 公告栏等多种途径

---

① 侯霞，聂竹明，吴杰．论和谐中小学校园网络文化的构建 [J]．中国教育信息化，2008（08）．

与教师进行交流。

数字化校园网络行为文化的建设，应充分发挥网络的平等性、主体性、互动性、灵活性、多样性、匿名性等优势，为实体校园行为文化注入新的活力。

开展丰富的网络活动，加强互动性。数字化校园网络平台的搭建只是基础，如何将静态的板块变成活跃的舞台，如何将蕴涵的精神变为实际的行动，这都需要以各种活动为依托，将理想和预设变成现实。如中小学可以就学校文化建设中的诸多内容，如校纪或校歌校徽的设计、校园热门话题以及校园环境的建设与美化等，开展广泛的网上咨询、网上辩论，鼓励和吸引广大师生积极参与进来；开展主题讨论、网上直播、网上读书活动等；也可以组成各种网上协作学习小组、兴趣小组，开展协作学习及其他网上活动。

要充分发挥学生的主体建设作用。中小学生普遍对网络有极大的兴趣。因此在学校网络文化建设的过程中，学校可以充分调动学生的积极性，给学生网站设计、资源更新与上传的权限，让他们参与其中，自己动手建立学校网站、自主管理网页，这样往往更能得到学生的广泛认可与支持，更能对学生产生潜移默化的影响。

(三) 中小学校园网络制度文化建设

制度层是校园文化的中间层次，是指处于一定经济社会文化背景下，在长期的发展过程中逐步形成和发展起来的日趋稳定的独特的价值观，以及在此基础上形成的行为规范、道德准则、群体意识和风俗习惯等。它是对学校师生员工和学校组织产生规范性、约束性影响的部分，集中体现了校园文化的精神层和物质层对个体和群体的行为要求。在制度层面上，与传统校园文化相比，校园网络文化借助网络的便捷性和快速性，体现出高效和规范的特征。校园网络将行政管理、学生管理、教学服务、研究开发等各类系统连接起来，实现这些系统之间的信息交流和资源共享，给教师、科研人员、管理人员和学生带来了极大的方便。

与实体校园制度文化一样，在中小学数字化校园里，同样需要这种规范和习俗文化，对其中的各类人员和各种行为进行规范和导向。这些制度包括行为规范制度，如校园网络使用制度、网上资源建设制度、教学管理制度、设备管理制度，论坛或聊天室规范制度等；也包括责任制度，即校园网络中各级组织、各类人员工作的权力及责任制度，目的是使每位教职工、每名学生、每个部门都有明确的分工和职责，使学校网络能高效有序地运转。

（四）中小学校园网络精神文化建设

精神文化是指学校的历史传统、精神氛围、理想追求，是最具凝聚力、向心力和生命力的，是学校最具特色的标志，它构成校园文化的内核。在精神文化层面上，校园网络使校园传统精神的积淀更加丰富，改变了传统校园的相互独立性和封闭性，具有了时代性。但在中小学校园网络精神文化建设中要注意处理好两对关系。

1. 开放与坚守

具有开放意识，走在时代的前列是校园网络文化的生命力所在。当前世界，科学技术突飞猛进，各种文化思潮相互碰撞，深刻地改变着时代的面貌。中小学生的发展必须与时代相适应，要怀着开放的心态，选择什么样的价值观、什么样的世界观都应与社会的发展相吻合，既要促进青少年个体的身心健康发展，同时又要与社会大环境相适应，紧扣时代的主题，跟上科技革命和知识经济迅速发展的步伐，也要跟上学生自主性和创造性充分发挥的步伐。另一方面，网络的巨大包容性，也带来各种文化意识形态和价值观念的冲击，校园网络文化要坚守正确价值取向，管好、用好校园网络文化宣传阵地，充分发挥精神文化的导向作用，营造良好的网络精神文化氛围，对师生员工及社会发挥其辐射作用。

2. 继承与创新

每一所学校都有其独具特色的精神追求，在长期的发展过程中逐渐形成了自己特有的文化传统。这种文化传统，是学校无形的文化资产与宝贵财富，是与其他学校相区别的个性特征。有的历史悠久、底蕴深厚，有的大师云集、人才辈出，有的环境幽雅，有的理念先进，有的成就斐然。因此，在数字化校园建设中同样应将这些精神财富蕴涵其中，凝练学校的精神积淀并辐射学校精神追求和文化魅力。文化是网络的灵魂，是校园网络文化建设的必然要求。① 有了文化和知识的支撑，网络才真正具有实质性的核心和内涵。当然，在新的环境下，校园网络文化建设的内容、形式、方法和机制等方面也需要不断与现代理念和手段相融合，进行创新提升。只有在继承中创新，在创新中发展，校园网络文化才能保持活力。

① 赫慧. 中小学数字化校园网络文化建设探析［J］. 天津市教科院学报，2011（04）.

三、中小学数字化校园网络文化建设的指导思想

（一）校园网络文化建设首先要树立新型的远程开放教育校园文化观

以网络为基础的数字化校园突破了传统的学校概念。校园文化的形态也不仅仅表现为有形的物质形态，而是更体现在虚拟环境与现实环境的双重结合和统一中，文化的构建进一步向虚拟空间延伸。因此，在构建数字化校园文化中首先要树立新型的文化观，要形成跨越时空的校园文化理念，继而才能构筑新的校园文化模式，传播学校深层次的精神文化，加强师生间的沟通、交流，陶冶学生的思想情操，增强学生对学校的认同感、归属感。

（二）校园网络文化建设的基础在于网络平台的搭建和不断完善

网络平台的组织结构与传统校园的组织结构类似，在拓展传统校园功能的基础上易于被师生所接受和熟悉，为学生创设一种开放、灵活、高效的网络环境，使学生在网上也能亲身感受到校园文化和校园社会生活，真正实现教育信息化和建设数字化校园的理想。校园网络文化的平台在设计上可以采用模块化，便于平台功能的不断升级与更新。在模块中可以设置虚拟课堂、虚拟实验室、虚拟社区、虚拟教务、校园生活、科学、艺术、游戏、邮件系统和个人空间、友情链接、数据统计和调查留言等。

（三）校园网络文化的建设必须以多方主体参与为原则

主体性原则是指和谐校园文化建设要全员参与。首先，从管理者来说，需要从学校发展的战略高度、学校管理的角度思考并重视新时期体现学校办学水平的数字化校园网络文化的建设。其次，学校要充分依靠学生和教职工，教师与学生是校园文化的主要承载者和建设者，校园文化只有得到广大师生的认可并被内化为个人品质，校园文化的成果才真正有效。另外，网络校园除了师生之外，还涉及技术部门、教务管理部门等多方面的协同互助，因此，应尽量发挥每一个人的主观能动性和创造力，只有广大师生的主体性得到了充分发挥，才能使校园网络文化成为现实可能，才能充满生机与活力。

（四）校园网络文化建设应运用系统建设的模式

校园网络文化的建设并非依附于网络而孤立存在，而是与实体校园文化共同形成校园文化的一个有机整体，是实虚结合、相互照应、相互补充的系统。因此，虚拟的校园网络文化的构建必须应用系统建设模式，由物质文化、制度

文化、精神文化等方面构成的校园文化系统体现为虚实的整体一致性和相互补充性，如物质环境文化的构建要很好地体现整体和谐性，强调物质、技术与人文的结合；在制度文化建设上，所有制度要规范、丰富、完善，符合远程教育教学的规律；精神文化建设要符合学校特有的价值理念，如反映学校个性特点的校训、办学理念等，注重继承与发扬学校特有的历史文化传统，体现文化传承性和创新性的统一。

第四节　文化生态视野下学校的特色发展

一、文化生态的概念

"文化生态"是我们研究学校变革的一个重要的学术关键词，这一范畴关联着两个基本的概念，即"文化"与"生态"。与"文化"相比，"生态"的定义似乎简化得多。它通常是指在一个生物群落及其生存发展的系统之中，各种因素相互关联、相互制约而达到相对的平衡。生态的存在古已有之，人们对生态的认识也比较早，公元前1200年，我国《尔雅》一书中的草、木两章就记载了176种木本植物和50多种草本植物的形态与生态环境。公元前200年《管子》的"地员篇"专门论及水土和植物，记述了植物沿水分梯度的带状分布和土地的合理利用。公元前一百年前后，我国农历已确立了二十四节气，反映了作物、昆虫等生物现象与气候之间的关系。此外，《易经》中的"天人谐调"说，《老子》中的"人法地，地法天，天法道，道法自然"①，《周礼》中的"天地之所合也，四时之所交也，风雨之所会也，阴阳之所和也，然则百物阜安"②，《吕氏春秋》中的"夫稼，为之者人也，生之者地也，养之者天也"③ 等，都反映出中国古人杰出的生态智慧和丰富的生态思想。在欧洲，古希腊时代的大哲学家亚里士多德的著作中已包含一定的生态思想，他按栖息地把动物分为陆栖、水栖两大类，还按动物的食性将之分为肉食、草食、杂食及特殊食性四类。④ 英国生物学家华莱士与达尔文同时建立的生物进化论，谈的

---

① 任继愈.老子新译 [M].上海：上海古籍出版社，1980：14.
② 钱玄.周礼 [M].长沙：岳麓书社，2001：93.
③ 张双棣.吕氏春秋译注 [M].长春：吉林文史出版社，1987：936.
④ 李博.生态学 [M].北京：高等教育出版社，2000：5.

就是生物进化与环境的关系。1859年，达尔文在《物种起源》中已经有了生态学中的食物链概念和早期的生态平衡概念。但作为一门学科，生态学还比较年轻。从1866年德国动物学家恩斯特·海克尔（E. Haeckel）首先把"研究有机体与环境相互关系的科学"定义为生态学到现在也只有100多年的时间。虽然生态学早在1800年就已被人作为一个名词使用，但到1900年才发展成一门朝气蓬勃的自主学科，到1920年才成为一门获得承认的生气勃勃的科学，到1960年才为专业范围以外的公众所熟悉。① 文化生态学的出现则是更晚的事情。

最初的文化生态学是作为美国人类学的一个研究领域出现的。美国早期许多重要的人类学家都致力于研究北美的土著民族，他们通过认真思考文化与环境的联系，即所谓的"文化区"，为文化生态学开辟了道路。1955年，美国文化人类学家斯图尔德（Steward）在他的《文化变迁论》一书中首次提出了"文化生态学"的概念，倡导建立专门学科，以探究具有地域性差异的特殊文化特征及文化模式的来源。此后，文化生态学为越来越多的人类学家和生态学家所重视，并逐渐成为一门新的学科。文化生态学认为，人类是一定环境中总生命网的一部分，与物种群的生存体构成一个生物层的亚社会层，它通常被称作群落。在这个总生命网中引进文化的因素，在生物层上建立起一个文化层，两个层次之间交互作用、交互影响，它们之间存在一种共生关系。这种共生关系不仅影响人类的一般生存和发展，而且也影响文化的产生和形成，并发展为不同的文化类型和文化模式。② 文化生态学研究的主要内容包括对文化与环境交互关系的研究，对文化群落和环境的组成、结构、分布以及发育变化的研究。其中心概念是文化生态系统，即在特定的文化地理环境内一切交互作用的文化体及其环境组成的功能整体。③

生态学的发展历程表明，"生态"不仅指自然生态，还包括人类的文化在内，即文化生态。在西文中，"生态"和"生态学"均写作"ecology"，其词根"eco"有"环境（的）""家庭（的）""经济（的）"等含义。④ 那么，到底什么是文化生态呢？在斯图尔德那里，文化生态主要指的是人类的文化和行为与其所处的自然生态环境之间相互作用的关系。随着文化生态学研究的深入，文化生态的含义除了文化与自然环境的相互作用外，还包括了文化发展的各种复杂变量间的关系，特别是科学技术、经济体制、社会组织及社会价值观

---

① 周鸿．人类生态学［M］．北京：高等教育出版社，2001：1.

② 雷洁琼．中国大百科全书·社会学［K］．北京：中国大百科全书出版社，1991：417.

③ 覃光广，等．文化学辞典［K］．北京：中央民族学院出版社，1988：161.

④ 陆谷孙．英汉大词典［K］．上海：上海译文出版社，1993：544.

对人的影响。根据我们对文化的理解和文化生态学中有关关联性、结构性的机理，或可将文化生态指称为一定时代各文化要素之间相互关联所呈现的形态以及由此形成的一种具有特征性的文化结构，它在本质上规定并表征着人的生存方式及其相互关联。

二、文化生态视野下学校的特色发展观

学校特色发展的理论依据主要有后现代主义理论中的差异性、个性化的观点，超循环理论中所阐发的内在生成理念以及多元智能理论等。这里我们认为多元智能理论和内在生成理念为学校特色发展的理论提供了较为重要的支持。

多元智能理论由美国哈佛大学认知心理学教授霍华德·加德纳（Howard Gardner）在 1983 年出版的《智能的结构》一书中首次提出，他认为个体的智力应包括一系列解决问题的能力和为获得新知识奠定基础的发现或创造问题的能力。加德纳的观点是一种基于文化视野的多元智力观，他认为人的智能不只包括言语—语言智能和逻辑—数理智能，还应包括以下 7 种智能：音乐节奏智力、身体—运动智力、视觉—空间智力、人际交往智力、自我内省智力、自然观察智力、存在智力。[①] 多元智能理论挑战了当时流行的"智商"（IQ）测验的理论，即得出人的智能可以通过对语文（言语表达）和数学（逻辑思考）能力的测试来区别高低。

在多元智能理论的观点中，每个人不同程度地拥有以上九种智能，而且每个人的智能组合形式有所不同并体现为不均衡发展，但是大多数正常人的智能可以发展到一定水平。多元智能理论给我们的启示是要尊重每个学生的差异，要意识到每个学生的多种潜在智能，学校能做的就是树立起尊重学生个性差异的理念，通过各种丰富的活动唤起学生的潜在智能，而不应该只局限于培养学生的言语—语言智能和逻辑—数理智能。学校特色的形成和发展正是基于对学生个体差异的尊重、基于对学生个性的培养而进行的，通过学校特色发展可以使学生有更多的选择空间，可以通过学校特色中各种具体活动的开展开发学生的多元智能，使学生能将个人的优势智能充分激活，将弱势智能通过活动加以提高。学校特色发展的主体之一便是学生，如果按照传统智能理论的说法，学生的有些智能就有可能被忽视，在多元智能理论的指导下发展学校特色，便可促进学生的多元智能发展，使学生在个性得到充分发扬的同时其他智能也能得到一定的发展。

超循环理论是联邦德国生物物理学家曼弗雷德·艾根（Manfred Eigen）在

---

① 罗刚，等. 文化生态与淮安中小学特色发展研究 [M]. 苏州：苏州大学出版社，2018：40.

1971 年提出的。在此之前有些学者通过提出各种理论来研究生物信息的起源和进化，艾根总结了大量的生物学实验事实，提出了超循环理论。超循环理论是研究分子自组织的一种理论，此理论认为大分子集团能借助于超循环的组织形成稳定的结构，并能进化变异。① 这种组织是耗散结构的一种形式。超循环是较高等级的循环，是由循环所组成的循环，其特征就是不仅能自我再生、自我复制，还能自我选择、自我优化，从而向更高的有序状态进化。超循环理论认为进化是一种自选择、自组织的内在的生成过程。这种理念一反传统的思维，将重点放在了系统组织的内部，强调组织内部各因素的组织和进化。

"内在生成理念"源于超循环理论，它是指在系统运作的时候，系统内部的因素可以自组织、自选择地生成并向更高层次的系统迈进。内在生成的理念在给系统论带来勃勃生机的同时，对于其他理论的研究和探索也有诸多有益的启示，有关学校特色的研究也从中获益颇丰。众所周知，学校是一个系统，对外有社会中政治、经济、文化等因素的影响，对内它是由校长、教师、学生、学校文化等因素共同作用的整体。在学校这个系统中，学校特色的发展虽然需要外在因素的推动，但其发展的主要动力应源于内在，一言以蔽之，学校特色的发展应依赖于其内在生成。超循环理论所蕴含的内在生成理念为学校特色发展提供了理论依据，即在学校特色的形成和发展有了学校外部各因素支撑时，学校应该将主要精力和时间放在激发学校内部主体的积极性上，让学校特色发展真正的从内在生成，而不是迫于外在的影响而缺乏内部动力。从这个角度看，内在生成理念对学校特色发展具有一定的理论指导意义。

在学校特色发展过程中，学校要从多个角度入手加强对学校特色的深入认识，即从复杂性思维、内在生成理念、学校品牌定位等视角认知学校特色发展。

（一）从复杂性思维的视角认知学校特色发展

学校特色发展是一项复杂的系统工程，不能用简单化线性化、传统的简单性思维去认识它，应该运用复杂性思维去审视学校特色发展，加强对学校特色的深入理解，以解决学校特色发展表面形式化的问题。

复杂性思维是相对于简单性思维而言的，是 20 世纪 80 年代逐渐兴起的一种进行科学研究与探索的与传统不同的思维方式，是在对于简单性思维的反思和批评的基础上渐渐形成的。始于 16 世纪近代科学的简单性思维以线性的、封闭的、简单的、分割的思维方式为主要特征，主导当时观念世界的核心范式

---

① 罗刚，等. 文化生态与淮安中小学特色发展研究［M］. 苏州：苏州大学出版社，2018：40.

是工具主义和科学主义，而在哲学上便也形成了以笛卡尔为代表的"二元论"，即非此即彼的"主客"两分的思维方式，这种简单性思维模式一直影响着人们认识自我、认识世界的方式。复杂性思维是伴随着科学技术的发展和时代的进步而产生的。人类历史上的第三次科学技术革命给人们带来了丰富的物质享受，但也产生了原有的简单性思维所不能解决的诸多问题，由此，复杂性思维便应运而生。虽然之前对简单性思维的反思和批评一直存在，但是真正意义上的复杂性思维出自1925年怀特海发表的《科学与近代世界》一书。随后在20世纪40年代兴起了系统论、控制论、信息论（俗称"老三论"），20世纪70年代在此基础上又产生了"新三论"——耗散结构论、协同论、突变论等现代系统科学，同一时期还涌现出了分形理论、孤粒子理论、混沌动力学等非线性科学。这些科学的兴起引起了科学界的一场复杂性研究的热潮。与此相对应，在哲学层面也发生了思维范式的转变，即产生了复杂性思维，它不仅给自然科学领域带来了颠覆性的影响，同时也对人文社会科学的研究方法如教育科学研究等带来了启发。

曾有学者这样界定复杂性思维："以非线性思维、整体思维、关系思维、过程思维为其主要特征的考察事物运动变化的方式，我们可称之为复杂性探究方式或者说复杂性思维"①。无论是在现实社会还是在科学研究领域，复杂的现象无处不在，"复杂现象大于因果链的孤立属性的简单总和。解释这些现象不仅要通过它们的组成部分，而且要估计到它们之间的联系的总和。有联系的事物的总和，可以看成具有特殊的整体水平的功能和属性的系统"②。运用复杂性思维审视学校特色发展主要从以下几个方面展开：

第一，从思想观念上认识到学校特色发展是一个复杂的系统，将以往的线性思维转变为非线性思维，而非线性思维的特征之一便是多样性。学校特色发展这一复杂的非线性系统，要求我们从不同角度、不同层次、不同主体来探索其系统运转过程，进而从观念上认识到学校特色发展简单形式化的弊端所在。

第二，要用动态发展的视角来看待学校特色发展，动态性是复杂系统的特征之一，复杂系统通常是由一种状态变化成另一种状态，系统中各要素的波动、不平衡、矛盾等是运动的常态，而稳定和平衡只是运动的趋势而已，所以对于学校特色发展中出现的个别问题以及发展过程中的波动情况应视为正常，要正确看待这些波动和问题，运用系统的反馈机制将这些问题及时反馈出去加以总结，既要看到系统内部各要素之间相互联系、相互作用的情况又要关注系

---

① 彭新武. 复杂性思维与社会发展 [M]. 北京：中国人民大学出版社，2003：9.
② 魏宏森. 系统科学方法论导论 [M]. 北京：人民出版社，1983：24.

统与外在环境之间的变化，适时地根据现实情况改变原有计划，使学校特色发展进程更顺畅。

（二）从内在生成理念视角认知学校特色发展

对于学校特色发展出现瓶颈甚至是停滞不前等问题，除了要运用复杂性思维审视学校特色发展之外，还应该重视学校特色发展的内在生成。学校特色发展的影响因素既有外部因素又有内部因素，但是学校特色发展的外部因素只能为其发展提供物质保障以及制度上的支持，学校特色发展的真正动力来源于其内部，要重视其内在生成性，需要调动起学校特色发展内部各个主体的积极性。

内在生成理念与外在控制有所不同，它更加强调了主体的作用，即主体的自觉、主体在发展过程中的主导作用。内在生成理念源于德国科学家曼弗雷德·艾根（Manfred Eigen）在 20 世纪 70 年代提出的超循环理论，在超循环理论中，进化是一种自选择、自组织的内在的生成过程。与传统理论注重事情发展的结果不同，内在生成理念更看重的是起点和过程，无论是微生物体还是错综复杂的系统，它们的进化或者演化过程均与有机体的生长过程相类似，系统的主体一定要有其独立性，即外在的能量、信息等是其生长的必要条件，但是不能主宰其系统内部主体的自选择和自组织。

超循环理论所蕴含的内在生成理念给系统的自组织方式、系统演化或进化规律的研究等带来了深刻的启示，其方法论原则有巨大的影响力。同时，对于我们研究学校特色发展问题也有一定的启示，即要重视学校特色发展主体的独立性，要激发其主体自觉，关注学校特色发展系统自组织的重要性。"学校一直扮演着中央或地方教育政策执行者、专家或学者教育理论消费者的角色。学校这种被动接受式的运行模式，不仅造成教育主体唯命是从的依附性格，丧失了教育的专业自主精神，而且还造成了教育主管政校不分的体制弊端，影响了政府的应有职能行使。"[①] 现在学校特色发展出现了个别学校将学校特色发展视为上级领导部门布置的任务的情况，也有的学校迫于社会舆论以及同等学校的压力去创建学校特色，这些情况均表明学校特色发展在某些学校还没有被视为学校的内在发展需要，因此，学校处于一种被动的接受状态，没有形成学校主体自主选择、自组织的内在生成机制。

学校特色发展的主体应该拥有自主意识和积极主动的精神，学校特色发展的过程应该是一个广泛参与、自下而上的过程，虽然社会的需要和上级教育主

---

① 邬志辉. 教育全球化：中国的视点与问题 [M]. 上海：华东师范大学出版社，2004：69.

管部门的政策支持必不可少，但是学校特色想更深入地发展下去，就必须重视学校内部人员对于学校特色发展的态度和能力，即要充分听取从校长到教职工乃至学生及其家长等多方面的意见和建议，因为学校特色发展是学生个性发展和教师专业发展的过程，所以更应该将学校特色发展内化为师生的内在需求，转化为师生的自觉行为，通过座谈会、教师专业发展培训会等形式请专家来传授教育理论知识，以唤醒学校的主体意识，强化学校主体对于学校特色发展的认同感，只有如此，学校特色发展方能真正地深入下去。

（三）从学校品牌定位视角认知学校特色发展

目前，个别学校在进行学校特色发展时出现了盲目乐观且急于将学校特色升级为学校品牌的情况，其主要原因在于有的学校对于自身正在发展的学校特色以及学校的实际条件认识不够清晰，定位不够准确，在对这些问题的思考上缺乏坦然面对的态度和辩证分析的方法。在实际考察中，我们发现有个别学校的底子比较薄弱，想通过学校特色发展闯出一片新天地，这本无可厚非，但是学校在做学校特色发展规划时把学校特色发展的时间硬性地规定为三年，三年后学校发展成为以"XX"为品牌的优质学校，当然学校可以勾画比较宏大的蓝图以激发学校发展的动力，但是也要在充分进行理论分析和实践论证的基础上做出较为正确的定位，否则盲目乐观、急于将学校特色拔高为学校品牌，将会使学校发展背离最初学校特色创建的本意，偏离学校特色发展的最终目标。

品牌是人类社会生产力发展、历史进步的必然结果，是市场竞争的产物它随着生产力发展阶段的不同而呈现出不同的内容，在当前经济发达的社会背景下，品牌更是作为企业竞争和经济发展的重要工具而备受关注，品牌与教育的关系问题也成为诸多学者研究的焦点。学校品牌的形成时间相比企业要更长些，这是因为企业品牌主要依托其生产的产品作为品牌衍生点，而学校的"产品"可以说是学校所培养的学生，学生的成长不如企业的产品那么明显，所以学校品牌的形成不可能是一蹴而就的事情，需要各方面的积淀才能慢慢形成。通常认为学校品牌是指"学生、教师、设施、文化、历史、个性等的集合，学生、家长、社会公众对学校的认知印象"[①]。许多学校将学校特色发展的目标之一定位为学校品牌的形成，这是值得鼓励的，但是首先要认清学校品牌的定位问题，里斯（Ries）和特劳特（Trout）于 1979 年开创性地提出了定位理论，并以此为基础发展出了品牌定位论，学校品牌定位就是指"学校建立一个与目标市场有关的品牌形象的过程和结果。即指学校为自身确定一个适

---

① 谢卿，郑研，林文伟. 学校品牌建设的推进路径研究 [J]. 上海教育科研，2010（07）.

当的市场位置，使学校在社会、家长学生的心中占有一个有利的位置"①。

　　学校特色发展到一定程度时，可以使学校以自身的学校特色形成一种品牌效应，从而进一步提升其内涵和知名度，但发展到什么程度才能成为一种品牌，这不是由学校领导通过制定计划喊喊口号就能实现的，学校特色的品牌化是一种自然而然的过程，是不用刻意去实现的。学校品牌定位的途径多种多样，但学校特色无疑是其定位的较好选择。学校特色发展要正确认识其品牌定位，由于学校品牌的形成不是一朝一夕可以完成的，首先在制定学校特色发展规划时要根据学校的实际情况进行客观分析，准确定位学校特色发展的目标和方向；其次，在这个规划的具体实施过程中要根据实践反馈回来的信息不断对规划进行修正，以完善其发展规划；再次，在规划实施和不断完善的过程中，学校特色发展在实现了其阶段性目标，即能有效促进学生的个性发展、促进教师的专业提升、为学校提升知名度等目标逐步实现的基础上，再一次地根据现有条件论证学校是否具有了形成学校品牌的实力和竞争力，诸如学校特色是否在一定区域具备了影响力、是否具有良好的形象和较高的知名度，其核心竞争力的强弱以及被社会和家长认同的程度等因素均可作为考虑的对象，学校经过认真讨论分析认为能上升为学校品牌的学校特色可以将其逐步完善进行升级，但若是有些方面未达成预定目标，则不能盲目地将其提升为学校品牌，那说明其学校特色还需要时间和实践的积累。

---

①　孟繁慧．品牌定位——学校品牌的第一要素［J］．黑龙江教育学院学报，2009（03）．

第三章　网络时代背景下中小学文化与健康教育

随着互联网技术的飞速发展，网络文化渗透到中小学生的学习、娱乐等各个方面，在对中小学生的心理健康教育带来益处的同时也产生了一些负面影响。所以，本章主要围绕网络时代背景下中小学文化与健康教育展开研究，旨在消除网络文化的负面影响，提高中小学生心理健康教育的效果。

第一节　健康教育与健康管理

一、健康教育

（一）健康教育的含义

健康教育是通过有计划、有组织、有系统的社会和教育活动，促使人们自愿地改变不良的行为和影响健康行为的相关因素，消除或减轻影响健康的危险因素，预防疾病，促进健康和提高生活质量。[①]

早在 1954 年 WHO（World Health Organization，世界卫生组织）就指出："健康教育与一般教育一样，关系到人们的知识、态度和行为的改变。一般说来，健康教育致力于引导人们养成有益于健康的行为，使之达到最佳的健康状态"，以及"健康教育工作的着眼点为人民群众和他们的行动，在于引导并鼓励人们养成并保持有益于健康的生活，合理而明智地利用已有的保健措施，并自觉地实行改善个人和集体健康状况或环境的活动"[②]。WHO 健康教育处原处长慕沃勒菲（Moaref）博士于 1981 年将健康教育的含义界定为：健康教育帮

---

① 宋卉，刘华. 健康管理概览 [M]. 北京：中国轻工业出版社，2016：206.
② 韦建明. 大学生健康教育与体育健身 [M]. 武汉：武汉理工大学出版社，2010：7.

助并鼓励人们实现保持健康状态的愿望，知道怎样做能达到这样的目的，每个人都尽力做好本身或集体应做的努力，并知道在必要时如何寻求适当的帮助。①

健康教育是一门迅速发展的学科。中小学生是时代的希望、未来社会建设的主力军，他们正是健康教育的主要对象。

（二）健康教育的特点

从上述含义可以看出，健康教育有三个特点：（1）它以预防为主，以增进健康为宗旨，强调自我保健；（2）重点是行为养成，通过教育达到"知识—信念—行为"的转化；（3）它是一个系统工程，有计划、有执行、有评价。因此，我们认为健康教育是以增进健康为目标，通过教育的手段，促成人们获得增进健康的知识和技能，形成增进自身和他人健康的意识和行为的活动。

健康教育的核心问题是促使个体或群体改变不健康的行为和生活方式，尤其是组织行为的改变。诚然，改变行为与生活方式是一个十分艰巨的、复杂的过程许多不良行为或生活方式受社会习俗、文化背景、经济条件、卫生服务等方面的影响，更广泛的行为涉及生活状况，如居住条件、饮食习惯、工作条件、市场供应、社会规范环境状况等。因而，要改变行为还必须增进有利健康的相关因素，如获得充足的资源、有效的社区领导和社会的支持以及自我帮助的技能等；此外，还要采取各种方法帮助群众了解他们自己的健康状况并做出自己的选择以改善他们的健康状况，而不是强迫他们改变某种行为。由此可见，学校健康教育必须在有计划、有组织、有系统的教育过程中，才能达到培养出健康新一代的预期目的。因此单纯传播卫生知识的卫生宣传是健康教育的重要手段但不等于健康教育。健康教育应提供改变行为所必需的知识技能和服务，以促使个体、群体和社会的行为改变。

（三）健康教育的意义

1. 健康教育是实现人人健康的卫生保健战略目标的重要途径

（1）健康是人类第一财富

有了健康不等于有了一切，但没有健康就等于失去一切。

（2）健康是人们获得幸福生活的重要前提

幸福生活包括物质生活（如生理需求、安全需求）和精神生活两方面。幸福与健康是分不开的。我国民间向往"五福临门"，如《书经·洪范》记载

---

① 陈叶坪，张桂兰．大学生健康教育　第2版［M］．武汉：华中科技大学出版社，2018：11.

的"五福"是一曰"寿",二曰"富",三曰"康宁",四曰"修好德",五曰"考终命"。其中,"寿"为命不夭折而且福寿绵长;"富"为钱财富足而且地位尊贵;"康宁"为身体健康而且心灵安宁;"修好德"为生性仁善而且宽厚宁静,行为端正、克己爱人、问心无愧、心胸豁达,达到幸福安康的目的;"考终命"为临命终时,身体没有病痛,心里没有挂念和烦恼,安详而且自在地离开人间,寿终正寝,不遭横夭。

(3)增强人们的自我保健意识和技能,提高全民的健康家质

其一,由于疾病谱的改变和生物学因素引起的传染性疾病,通过医药与疫苗的手段可加以控制。自英国爱德华·琴纳(Edward Jenner)于1796年发明接种牛痘技术后,天花、小儿麻痹症等疾病大幅减少,几近灭绝。

其二,健康的趋势是自我保健。心脑血管疾病、肿瘤、神经系统疾病、内分泌系统疾病慢性肠道疾病主要是由于心理因素行为习惯、生活方式、环境因素引起的,因而对人体而言,健康掌握在自己手中,增进健康从靠上帝演变到靠医生,现在应该转变为靠自己。所以,健康的大趋势是自我保健。如果保健还停留在卫生部门的"防病治病"的水平上,那么,防病治病的对象只能是患病或直接受疾病威胁的少数人,达不到人人健康的目标。只有以"健康第一"为目标通过全民和终身的健康教育,才能提高每个人的自我保健意识和技能,提高全民的健康素质。全民族健康素质的不断提高,是社会主义现代化建设的重要目标,是人民生活质量改善的重要标志,是社会主义精神文明建设的重要内容,是经济和社会可持续发展的重要保障。

2. 健康教育是投入少、产出多的保健措施

国外健康教育的实践显示了健康教育是投入少、产出多的保健措施,对处于社会主义初级阶段,经济条件还不富裕的我国,健康教育更具现实意义。我们首先看看如下两个数据。(1)10:1。美国疾病控制中心研究报道,如果通过健康教育使美国男性公民不吸烟、不过量饮酒、采纳合理饮食、经常进行锻炼的话,其平均寿命可望延长10年,而投资以千亿计资金,提高临床医疗技术,却难以使全国人口平均延寿1年。[①] (2)15年。芬兰北卡勒林地区于1972年开始,针对高血压、冠心病的高发病率,15年来实施健康教育干预计划,减少行为危险因素、改变不良生活方式。随着生活水平的提高,芬兰反而出现吸烟率下降28%、血清胆固醇率下降11%冠心病死亡率下降28%的可喜局面。[②]

---

① 王乃臣. 现代体育与健康教育 [M]. 长春:吉林人民出版社,2005:150.
② 王乃臣. 现代体育与健康教育 [M]. 长春:吉林人民出版社,2005:150.

3. 健康教育是解决中小学生健康问题的关键途径

中小学生的健康问题主要表现在以下方面：

（1）健康观念方面。对健康的内涵理解不全面，自我保健意识淡薄。

（2）躯体健康方面。主要表现为：①生病少，生小病，康复快；②不良行为和生活方式引起慢性疾病的预防观念和知识欠缺，健康行为不够完善。

（3）心理健康方面。自我意识和需要的发展对新环境的适应、生活主题和角色任务的改变等所产生的压力、矛盾、冲突造成的心理卫生问题是学生最主要最突出的健康问题。

（4）社会健康方面。"适应"与"创造"（如何发挥社会功能、发现个性、创造生命价值）并举，为现在和将来所扮演的角色打基础，具有长期性、复杂性、相对性的特点。要解决这些问题，健康教育是最直接而关键的途径。

《黄帝内经·素问》中曾强调："圣人不治已病治未病，夫病已成而后药之，乱已成而后治之，譬犹渴而穿井，斗而铸兵，不亦晚乎?"[①] 由此可见，我们的祖先早已认识到"未雨绸缪，防患未然"的重要性。

二、健康管理

（一）健康管理的定义和特点

健康管理的思路和实践最初出现在美国。同其他学科和行业一样，健康管理的兴起也是由于市场的需要和人类知识的积累。老龄化、急性传染病和慢性病的双重负担及环境恶化导致医疗卫生需求不断增长，时常出现医疗费用的持续上升无法遏制和健康相关的生产效率不断下降的局面，对美国经济和发展构成威胁和挑战。传统的以疾病为中心的诊治模式应对不了新的挑战，于是，以个体和群体健康为中心的管理模式在市场的呼唤下和主要科学技术进展的基础上诞生了。第二次世界大战后与健康管理相关的主要科学技术进展有：（1）关于健康风险及公共卫生干预的大量研究为健康管理积累了大量的科学证据；（2）管理科学和行为医学的发展为健康管理的起步提供了理论和实践基础；（3）互联网的出现和信息产业的迅猛发展为健康管理的起飞安上了翅膀。

然而，虽然在美国已有20多年健康管理的实践和应用性研究，但还没有见到全面系统的理论研究和权威的专著。健康管理在中国的出现不到10年，也是实践应用先于理论研究。目前世界上还没有一个大家都能够接受的健康管理的定义。

---

① 《黄帝内经·素问》。

综合国内外关于健康管理的几种代表性定义，在此将健康管理定义为：健康管理是指对个体或群体的健康进行全面监测、分析、评估，提供健康咨询和指导，以及对健康危险因素进行干预的全过程。① 健康管理的宗旨是调动个体和群体及整个社会的积极性，有效利用有限的资源来达到最大的健康效果。健康管理的具体做法就是为个体和群体（包括政府）提供有针对性的科学健康信息并创造条件来改善健康。该定义界定了健康管理的性质、内容、宗旨和具体做法。

（二）健康管理的理论与科学基础

1. 健康管理的理论与发展

在我国众多的中医学文献中，我们可以很容易地发现健康管理的思想火花。两千多年前的《黄帝内经》指出："圣人不治已病治未病，不治已乱治未乱，此之谓也。夫病已成而后药之，乱已成而后治之，譬犹渴而穿井，斗而铸锥，不亦晚乎？" 其中已经孕育着"预防为主"的健康管理思想。《吕氏春秋·尽数》中的"流水不腐，户枢不蠹，动也"就含有生命在于运动的哲理。中医养生十分重视通过饮食补益和锻炼身体防病，正如《黄帝内经》指出的："毒药攻邪五谷为养，五果为助，五畜为益，五菜为充。气味合而服之，以补精益气。"而《黄帝内经》的"上医治未病，中医治欲病，下医治已病"则与健康风险评估和控制的思路不谋而合。

美国政府认为健康管理和促进是关系国家经济、政治和社会稳定的大事，制订了全国健康管理计划——"健康人民"计划。"健康人民"计划由美国联邦卫生和社会服务部牵头，与地方政府、社区和民间及专业组织合作，每10年1次，计划，执行，评价，循环反复，旨在不断地提高全国的健康水平。

2. 健康管理的科学基础

健康和疾病的动态平衡关系及疾病的发生、发展过程和干预策略是健康管理的科学基础。② 个体从健康到疾病要经历一个完整的发生和发展过程。一般来说，是从处于低危险状态到高危险状态，再到发生早期改变，出现临床症状。往往在被诊断为疾病之前，有一个时间过程。对于急性传染病，这个过程可以很短。对于慢性病，这个过程可以很长，往往需要几年，十几年，甚至几十年的时间。其间的变化多数情况下并不能被轻易察觉，各阶段之间也并无明确的界线。在被诊断为疾病之前，进行有针对性的预防干预，有可能成功地阻

① 徐新娥，赵远方.健康评估［M］.上海：复旦大学出版社，2012：19.
② 孙爱萍.健康管理实用技术［M］.北京：中国医药科技出版社，2009：28.

断、延缓甚至逆转疾病的发生和发展进程，从而实现维护健康的目的。例如，我们可以通过健康风险分析和评估的方法确定冠心病、脑卒中、癌症、糖尿病等慢性病的高危人群，通过有效的干预手段控制健康危险因素，减少发病风险。可在这些疾病发展的早期，在其尚未发展成为不可逆转之势前阻止或延缓疾病的进程。在上述健康管理过程中，我们可以利用先进的信息技术，通过分析大量的健康和疾病数据，包括基因数据、影像结果、生物学指标以及传统的临床指标，从中得出与个人健康相关的、非常有意义的健康管理信息，指导健康管理过程，达到最优效果。

（三）健康管理的基本步骤

一般来说，健康管理有以下三个基本步骤：

第一步是了解个人的健康状况，只有了解个人的健康状况，才能有效地维护个人的健康。因此，具体地说，第一步就是收集服务对象的个人健康信息。个人健康信息包括个人般情况（性别、年龄等）、目前健康状况和疾病家族史、生活方式（膳食、体力活动、吸烟、饮酒等）、体格检查（身高、体重、血压等）以及血、尿实验室检查（血脂、血糖等）。

第二步是进行健康及疾病的风险评估，即根据所收集的个人健康信息，对个人的健康状况及未来患病或死亡的危险性用数学模型进行量化评估。其主要目的是帮助个体综合认识健康风险，鼓励和帮助人们纠正不健康的行为和习惯，制定个性化的健康干预措施并对其效果进行评估。

健康风险评估是一个广义的概念，它包括简单的个体健康风险分级方法和复杂的群体健康风险评估模型。[①] 在健康管理学科的发展过程中，涌现出了很多种健康风险评估的方法。传统的健康风险评估一般以死亡为结果，多用来估计死亡概率或死亡率。近年来，随着循证医学、流行病学和生物统计学的发展，大量数据的积累，使得更精确的健康风险评估成为可能。健康风险评估技术的研究主要转向发病或患病可能性的计算方法上。传统的健康风险评价方法已逐步被以疾病为基础的患病危险性评估所取代，因为患病风险比死亡风险更能帮助个人理解危险因素的作用，有助于有效实施控制措施。

患病危险性的评估，也被称为疾病预测，可以说是慢性病健康管理的技术核心。其特征是估计具有一定健康特征的个人在一定时间内发生某种健康状况或疾病的可能性。健康及疾病风险评估及预测一般有两种方法。第一种方法建立在评估单一健康危险因素与发病概率的基础上，将这些单一因素与发病的关

---

① 张开金，夏俊杰. 健康管理理论与实践　第2版［M］. 南京：东南大学出版社，2013：11.

系以相对危险性来表示其强度，得出的各相关因素的加权分数即为患病的危险性。由于这种方法简单实用，不需要大量的数据分析，是健康管理发展早期的主要健康风险评价方法。该方法目前仍为很多健康管理机构和项目所使用，包括美国卡特中心（Carter center）及美国糖尿病协会（ADA）。第二种方法建立在多因素数理分析基础上，即采用统计学概率理论的方法来得出患病危险性与危险因素之间的关系模型，能同时包括多种健康危险因素。所采用的数理方法，除常见的多元回归外，还有基于模糊数学的神经网络方法及 Monte carlo 模型等。这类方法的典型代表是 Framingham 的冠心病模型。

患病危险性评估的一个突出特点是其结果是定量的、可比较的。由此可根据评估的结果将服务对象分成高危、中危和低危人群，分别施以不同的健康改善方案，并对其效果进行评价。

在健康风险评估的基础上，我们可以为个体和群体制订健康计划。个性化的健康管理计划是鉴别及有效控制个体健康危险因素的关键。以那些可改变或可控制的指标为重点提出健康改善目标，提供行动指南。

第三步是进行健康干预。在前两部分的基础上，以多种形式来帮助个人采取行动、纠正不良的生活方式和习惯，控制健康危险因素，实现个人健康管理计划目标。与一般健康教育和健康促进不同的是，健康管理过程中的健康干预是个性化的，即根据个体的健康危险因素，设定个体目标，并动态追踪效果。如健康体重管理等，通过个人健康管理日记、参加专项健康维护课程及跟踪随访措施来达到健康改善效果。

健康管理的上述三个步骤可以通过互联网服务平台及相应的用户端计算机系统来帮助实施。应该强调的是，健康管理是一个长期的、连续不断的、周而复始的过程，即在实施健康干预措施一定时间后，需要评价效果、调整计划和采取干预措施。只有周而复始，长期坚持，才能达到健康管理的预期效果。

（四）健康管理在学校社区卫生服务中的应用

健康管理在中国具有广泛的应用前景。它能帮助医疗机构、企业、健康保险公司以及社区、集体单位采用一种有效的服务手段对个人的健康进行个性化的管理，以达到有效预防疾病、节约医疗支出的良好效果。

学校社区卫生服务在我国医疗卫生体系建设中扮演着重要角色，是人民群众接受医疗卫生服务的"守门人"，是二级医疗卫生体系的网底，也是社区发展建设的重要组成部分。社区卫生服务以全科医生为骨干，合理使用社区资源和适宜技术，以妇女、儿童、老年人和慢性病人、残疾人等为重点，以解决社区主要问题、满足基本医疗卫生服务需求为目的，融预防医疗保健、康复、健康教育、计划生育技术服务为一体，旨在提供有效、经济、方便、综合、连续的基层卫生服务。

结合学校社区卫生服务的特点和需要，健康管理可在以下三个方面提供帮助：第一，识别、控制健康危险因素，实施个性化健康教育；第二，指导医疗需求和医疗服务，辅助临床决策；第三，实现全程健康信息管理。健康管理个性化的健康评估体系和完善的信息管理系统，有望成为社区利用健康管理服务的突破点和启动点。

第二节　中小学健康教育文化建设的路径探索

文化是一种客观存在，是我们所处环境向我们提供的一切影响我们存在方式的由我们自己创造并延续的物质的、精神的东西。文化可以看得见、摸得着，也可以看不见、摸不着，我们无时无刻不处在一种文化中，包括我们自己就是文化的一个组成部分。

按照马克思主义"物质决定意识，意识反作用于物质"[1]的观念，文化的客观存在决定了我们对世界的认识，那么我们通过主观能动性，又影响了我们对文化的理解和接受，进而推动我们对文化的改造与丰富。从这个意义上分析，文化对人的教育与发展作用显而易见，而教育对文化发展的影响同样不可替代。

学校是培养人的专门教育场所，对于学校教育而言，文化建设与其说是一个重要组成部分，还不如理解为文化就是教育的一个根本属性。这样理解有助于我们在进行学校文化建设时不至于脱离教育的本质，而走进政治化、庸俗化、形式化的死胡同，进而导致学生的发展受到难以控制的影响。所以学校文化建设从根本上还是学校教育教学活动的一个整体概念的凝练、提升。

文化因地域、民族、时间的不同而呈现出多样性，又因行业领域的不同而衍生出丰富性。学校文化最大的特点就在于教育性、发展性、集中性以及引领性，不仅体现在我们的精神层面，更体现在我们的物质层面。

学校文化建设和其他领域的文化建设大同小异，在社会大文化背景下，都会带有自己明显的个性特征。这些特征既是人的因素影响使然，比如认知结构、价值观、业绩观等，也是单位现实情况的客观反映，如单位性质、发展历

---

[1]　张森林，孙伟. 马克思主义基本原理 [M]. 长春：吉林大学出版社，2009：27.

史等。

本节将以武汉市常青第一学校为例，探索中小学健康教育文化建设的路径。武汉市常青第一学校自 2011 年建校至今，坚持不懈地探索学校文化建设，致力于构建具有学校独特教育价值追求和办学行为表现方式的文化体系，尽管建校时间不长，但健康教育文化建设已初显端倪，为学校在创建品牌教育的行进中提供着不竭的正能量。

一、体认学校文化传统与现状，构建学校文化精神与内核

学校和其他很多学校比较而言，历史积淀和文化底蕴相对不足，严格说来还谈不上有什么稳定的学校文化系统。我们清醒地认识到这一点，在建设初期学校文化过程中，并没有刻意为之，而是将年轻学校的某些特质渗透到教育教学实践的各个环节，以期通过教育教学的具体实践过程自动形成一种文化，我们希望这种文化包含一种精神——实践的精神，即实践过程应成为这种文化的重要支架，最后形成一种厉行务实的教育文化体系。我们认为，这种文化建设要做好三个基础。

(一) 解读学校办学现状

办学初期，我们面临的最大问题是如何整合两所学校合并带来的一系列问题，包括思想的统一、管理的调整、教育教学的衔接等，其中最大的问题还是如何在两个已有的办学个性基础上建设新的整体文化。

我们以务实的精神和态度，把主要精力集中在解决具体问题上，围绕"做"的行为准则大做文章，采取了"观察、发现、解决"问题的三步工作方法，把年轻学校、年轻班子、年轻师资队伍的积极一面予以放大，敢为人先，充分利用年轻没有羁绊、没有偏见、没有约束的特征，将年轻的优势发挥到极致，有力推动了学校办学质量的飞速提升，同时在"做"的过程中，开始积淀出学校新的文化底蕴，形成学校新的文化骨骼和精气神。

(二) 理解学校办学性质

常青花园是武汉市人民政府和新世界集团联合开发的一个居民新区，武汉市教育局整合新区内所有学校资源，成立了常青教育改革实验区。作为配套学校，在成立初期，就被市教育局界定在"实验性、特色性、示范性""高起点、高标准"的发展轨道上，这对学校文化建设产生了深刻、深远的影响。我们的文化建设如何体现这些要求呢？

首先，我们强化对学校办学性质的认识，把学校界定在公办社区学校的地位上，以明确我们学校存在的最直接、最重要的意义就是解决好社区居民的教育需求；其次，我们认真参悟作为市教育局直属学校所承担的责任、所具有的优势，以清楚市教育局对学校办学要求的实质；最后，我们深刻研究学校九年一贯制的办学规律，以厘清我们办学发展的思路和策略。基于这三个方面的努力，我们认为学校的文化气质，应该具有社区化、个性化、实用化的气质特征。这也正是我们在发展初期以"做"为主的文化基础建设的实践因由。

（三）把握教育发展方向

学校文化的内涵最终还是必须回到教育的本质轨道上来，这是学校文化的使命，更是学校文化生存的根本。我们在贯彻落实国家教育方针、政策和规定时，始终坚持把尊重教育发展规律、尊重儿童身心发展规律作为出发点、落脚点，认真研究社会变化对教育发展带来的影响，进而做出学校文化建设的观念确立和策略选择，以保证学校文化建设在正确的轨道上，不断健康发展，拥有完善自身和适应外界的生命力。值得欣慰的是，我们在初期选择以"做"为主的学校文化建设的工作方法，始终契合着我们学校文化建设的思路，其实用性、发展性、包容性为我们最终形成健康教育文化体系奠定了坚实基础。

二、完善学校文化基本构架，饱满学校文化发展血肉

思考并不能使我们养成一种新的实践方式，而具体的实践却可以帮助我们形成一种新的思维方式。理念一旦转变为实际行动，理念就直接表现成了行为，而行为又会导致具体的结果。[①] 从这一角度来说，行为又可以被看成是思想与实际的具体连接点。据此，我们着手系统化健康教育文化建设过程来有效改变师生生命状态。

（一）明确主题

学校在经历初期的发展阶段后，各方面都取得了令人瞩目的成就，"做"的文化成为学校固有的一种行为表现方式。在此基础上，我们开始思考并构建学校文化体系。结合我们对学校文化的理解，以及我们已有的文化建设成就，我们把学校文化建设的主题明确为"健康教育"文化。

（二）突显灵魂

学校办学的灵魂就是价值观。价值观是人们对事物的认识、理解、情感、

---

① 李德华. 校长管理方法新视野 [M]. 北京：国家行政学院出版社，2013：71.

态度等的总和。价值观决定着我们对事物和人的看法与行为，学校教育的价值观影响我们对学生、对教育的内涵理解，左右我们在办学实践中的行为选择。

"努力实现每个孩子最佳发展可能，为一生健康成长奠基"，是我们对学校办学价值观的全面界定，是我们对学生培养目标的基本认识。在这个办学价值观的引领下，学校所有工作的针对性、有效性开始突显，把以人为本、以学生发展为本的学校教育的行为准则充分体现出来。

围绕学校这一办学价值观，我们在确定教育教学内容、选择教育教学方式上始终坚持把健康发展作为基本目标和具体要求，以此奠定学校健康教育文化的基石，凸显学校文化建设的灵魂。

（三）丰富内涵

学生、教师是学校教育的主体，学校文化建设的内涵必然指向学生、教师、学校三个要素之间的关系。我们以学生健康成长为准绳，以教师健康工作为要求，以学校健康发展为目标，从三个维度构建、丰富学校健康教育文化建设的框架：

1. 健康课程，健康课堂，促进学生全面发展

课程是指学校学生所应学习的学科总和及其进程与安排，是学校教育的重要基础，是指导学校一切工作的主要内容。课堂是学生学习的场所，是育人的主渠道，是师生活动的主要阵地，是贯彻课程的基本形式，是体现学校教育思想观点的具体行为模式。

健康的课程体系既要能促进学生身心、认知、情感等全面发展，又要能满足学生个性发展的需要，规范化、人性化、个性化兼备的课程体系才是健康的课程体系。我们在认真落实国家课程标准基础上，对校本课程进行了全方位的开发，以学生健康发展为出发点，构建健康的课程体系。利用九年一贯制的学制优势完成课程纵向贯通和横向开拓，整体设置九年一贯的课程门类和课时比例，初步形成了"年级特色课程""学段课程选修""学校学生社团"三级校本课程体系。在广泛调研的基础上，充分尊重学生的兴趣和需求，充分发挥教师的自主性和创造性，在小学部开展了"年级特色课程"：一年级——国际象棋、二年级——中国围棋、三年级——拉丁舞、四年级——口风琴；在初中部开展了"学段课程选修"："体育天地""艺术星空""品味生活""语言素养""学科览胜""综合实践"六个门类，包括德语在内的18门选修课程；在初中部和小学部开展了"学校学生社团"：足球队、跆拳道队、羽毛球队、管乐队、合唱队、舞蹈队、陶艺队等在全市影响卓著的社团活动。这些课程的开设，极好反映了学校健康教育的培养宗旨：身体健康、心智健全、气质优雅、

精神愉悦、适应社会、学会自理。

学校对选修课程的开设制定了质量评价标准，加强过程管理，注重结果要求和统计分析，并将此纳入绩效管理。我们把质量评价标准的重点放在学生个性化特征的形成方面，以学生个性特长所具备的能力、习惯、情感等三个维度作为具体检测指标进行评价，把健康教育的基本要求通过检测体现出来。

在构建好健康课程体系之后，健康课堂无疑是所有工作的一个关键，是体现我们"做"的传统文化的一个具体途径。学校始终坚持控制班级人数规模，全校平均班级人数为 45 人；学校所有教室均按国家标准配备照明设备、信息化设备、空气调节设备、桌椅设备、文化装饰设备及其他教学设备；在做好这些工作的基础上，我们将健康课堂的建设重点放在教学过程的落实中，初步形成了学校健康教育的教学过程体系。

一是提倡在基本行为规范基础上的教师个性化教学，充分挖掘促进教师健康工作的积极因素，形成学校不拘一格的个性化教学模式；

二是界定健康课堂的教学基本要求，重点关注学生的年龄特点、学习心理发展特点、知识结构特点，以此做出课堂教学的时间分配、活动安排等，以求师生互动、教学相长的课堂教学精髓得到最大限度的合理体现；

三是构建以体验式教学为主的课堂教学模式，在部分学科进行教学改革的积极尝试。我们对学科性质进行认真分析，结合学生的学习现状，把物理、化学、生物、科学、劳技、地理等学科作为教学改革试验的重点，全力推进体验式教学模式的构建。我们把这些学科所有的教学活动全部安排在专业教室（实验室）或场景中进行，从根本上解决教师教学行为习惯与学科教学要求之间的不一致问题，为体验式教学的顺利进行提供强有力的行政保证。

经过多年的努力，健康课堂已成为学校进行教学活动的常态，无论是教师的教育观念、还是教师的教学行为或是学生的学习方式都在发生着实质性的变化，健康课堂的骨架开始变得硬朗，血肉开始变得饱满。

2. 健康环境，健康设施，保证学生安全发展

健康环境和健康设施是学校构建健康教育文化的物质基础，主要指学校校园环境的优化、净化、美化，为学生活动提供的场所及硬件设施安全化、专业化、多样化。学校本着以人为本、以用为本的环境、设施建设理念，突出环境设施建设的美观实用、安全耐用、功能多用的"三用"概念，高质量、高标准的修建了体育馆、演出厅、图书馆、排练厅、报告厅、功能教室、卫生设施、餐厅、运动场、网球场等，让学生拥有更多的个性展示舞台和活动空间。

针对学校面积少、学生多、活动拥挤等现实问题，我们在执行国家绿化标准过程中，采取了多种树、少种草的做法，把更多的空间开辟硬化出来，成为

学生活动的场地；在有限的空地进行主题文化建设，使之既具有美化校园的功效，更兼具教育教学功能，如育园、和园、三友园、樱花广场、桂园等，在学校打造"时时可学习，处处是课堂"的环境育人体系，为学生健康自由的个性发展提供便利。

3. 健康身体，健康心理，实现学生和谐发展

学校教育以人为本，以学生发展为本，学校教育通过教师的教育活动对学生施加影响。学生的发展，包括身体的健康发展和心理的健康发展两个方面①，并以此为基础形成良好的心智结构。

学校大力倡导"体育健康人生，艺术美化生活"的学习生活理念，要求教师身体力行，用自己的榜样示范作用影响学生，带动学生，积极参与到身体锻炼和艺术活动中。学校教工的篮球队、排舞队、羽毛球队、乒乓球队、长跑队等协会组织常年坚持活动，参与体育锻炼的教师超过学校教师总数的三分之二。教师队伍在参加全国、省、市教工体育比赛中，屡获冠军。

学校在坚持落实国家体育健康课程、体育锻炼阳光一小时工作中，克服各种困难，加强专业师资配备，从兴趣化、专业化、多样化方面做出努力，以常规体育锻炼为融入点，构建出学校庞大的体育运动内容体系，组建了参与人数众多的各种体育运动队伍，学校的足球俱乐部、羽毛球俱乐部、篮球俱乐部、田径俱乐部等队伍，学生参与人数总量常年保持在千人规模以上。为增强学生体育锻炼的积极性，学校每年举行校园三人篮球赛、校园足球联赛、校园羽毛球挑战赛、田径运动会等赛事活动，这些活动成为深受学生喜爱的节日。

为保证体育锻炼的质量和水平，学校建设了一支高水平的专业体育教师队伍，我们引进了具有专业运动员背景的一批教师，学校的篮球、羽毛球、田径、足球教练员都是参加过国家级比赛的专业运动员。学生队伍在他们的带领下，在省、市、区各级体育比赛中，成绩斐然，每年更有一大批体育后备人才进入重点高中，进而带动了学校的全民体育锻炼热潮经年不衰。

学校把学生和教师的心理健康视为构建健康教育文化的重要支撑与核心指标，采取普及心理健康知识与个别心理辅导相结合、思想政治工作与团队心理指导相结合、针对性活动与系统化训练相结合的心理健康教育"三结合"方式，对师生的心理健康给予全面的关注和帮助。学校配备专职心理健康教师，开展心理健康教育活动，要求所有班主任拥有"心理咨询师"资质，对班级学生进行心理辅导。

学校建设了专业化的心理健康教室、心理辅导工作室，建立师生心理健康

---

① 黎翔. 教育学 [M]. 北京：航空工业出版社，2014：109.

档案，关注师生情感需要、关爱师生幸福生活，组织开展系列活动。

学校通过富有实质性的工作，把师生的身心健康和谐发展推进到和谐社会、人才培养的高度，为学校健康教育文化的最终形成奠定了人力资源基础，不但丰富了学校健康教育文化的人性化内涵，还丰富了学校健康教育文化的外在表现形式。

我们建设健康教育文化体系，就是将学校管理内涵提升到文化的境界，并以文化的尺度衡量学校管理的最终呈现方式。在具体践行中，创造一种主体和谐、健康发展的教育生态环境，以"做"的行为方式，通过理念指导行为、引领行为，通过行为润泽行为、感染行为。从而关注师生的生命向度，改善师生的生命状态，实现人的全面发展。

第三节　网络时代背景下文化与学生心理健康教育研究

一、网络文化对学生心理的积极影响

（一）网络文化对学生心理的积极影响

1. 网络的平等性提升了生命的存在价值，使学生的心理得到空前的发展

在网络世界里，没有高低贵贱之分，人们的地位是平等的。人们可以敞开心扉，畅所欲言，使内心得到彻底的解放。尤其是学生，学习压力大，业余时间少，他们渴望友谊、渴望交流，网络为他们提供了可能的空间。他们可以摆脱教师的训斥，与网络教师倾心交流；逃离家长千篇一律的说教，与网友倾诉心声。这增强了他们的自信心，激发了他们的想象力、求知欲和创造力，同时使他们的心理得到健康的发展。

2. 信息化的网络拓宽了学生的求知途径，强化了逻辑思维能力

网络的信息容量大，涵盖的内容广，对学生有强大的吸引力和诱惑力。网络世界有他们感兴趣的东西：网上聊天、网络游戏、电子商务、网上教育、电子杂志、同学录等。丰富的信息像海洋一样令他们欣喜。现在的学生为了学习，经常只是家庭、学校两点一线的视野，是网络使他们认识了这个大千世界，拓宽了他们的求知途径。同时，网络信息的组织方式强化了他们的逻辑思维能力，使他们理解信息变得多角度化，更加主动，有利于他们非线性思维方

式的形成。① 思路打开了，逻辑思维能力自然也就随之提高了。网络在学生知识获取、学习教育、社会参与、人际交往、娱乐、职业选择、生活等方面显示出强大的支持性效应。网络开阔了学生的视野、激发了学习的积极性，增强了沟通能力，也促进了学生心理的健康发展。

3. 网络的开放性扩大了学生的人际交往范围，促进其社会化和心理健康

网络是一个开放的世界。如今的学生没有时间出去交友，网络为他们提供了交友的场所。交往是人心理发展的需要。而如今的学生蜗居在百十平方米的有限空间，埋头于如山似海的作业堆中，哪有时间出去交友？所以，他们乐于网络聊天，在网络这个虚拟的空间里与朋友畅谈，从而扩大了他们人际交往的范围，促进其社会化。同时，网络交往使学生的交往空间扩大，人际沟通的时效性、便利性和准确性提高，有利于良好人际关系的建立和发展，并且对学生心理健康带来积极的影响。②

4. 网络的虚拟性、开放性有利于普及心理健康知识，提供专业援助

现在虽然很多学校开设了心理健康教育课，但基本上都是摆设，学生有了心理疾病也无从就医。而互联网提供了这样一个平台，它为学生提供了专业援助。学生可以从中获得心理健康的知识，并从网上得到心理咨询师的帮助。这有助于学生的心理健康发展。特别是心理网站所提供的心理知识模块、心理测量模块、心理治疗模块、咨询专家问答互动模块、求医问药模块等结构性内容，对学生掌握心理健康知识，进行心理健康状况自测，为学生提供心理医院和心理医生的介绍以及求医预约和了解心理健康研究动态等带来了极大便利，为学生情绪宣泄提供了良好的途径与空间。

(二) 网络文化对学生心理的消极影响

互联网并不是一个纯洁、健康的虚拟天地，它所传输的信息、一些网络主体的不良行为都会对学生产生负面影响。网络社会从一开始就具有心理、精神层面先天不足的缺憾。

1. "网络色情""网络迷信"影响了学生心理的健康发育

情欲是人类与生俱来的天性，由于这一话题的敏感性，由于正常人道德的约束，人们在现实社会很少公开谈及，但是网络的盛行打破了传统的信息发布渠道，一些色情网站以挑逗人们的性心理，刺激网民的感官为能事，其肮脏的语言、淫秽的画面、下流的声响，对处于性萌动期的学生的吸引力和腐蚀性极

---

① 袁荃. 网络文化与中学生心理健康教育 [D]. 济南：山东师范大学，2005.
② 李秀丽. 校园网络文化对学生产生的积极影响 [J]. 中国教育技术装备，2012 (11).

大，不少人由此走向心理崩溃的边缘。互联网上处处充满陷阱。我国对于性与生殖健康的教育很不到位，一些学生对感情问题处理缺乏经验，新鲜感强，遇到类似问题时，常常得不到及时解决，势必影响他们的身心健康。特别是在当今的网络时代，网上色情、暴力泛滥，学生防不胜防，有些学生还深陷其中不能自拔。

"网络色情"对学生的危害主要有：（1）影响学生网民的学业或工作；（2）扭曲学生的身心健康甚至走向性犯罪；（3）危及学生的人身安全甚至性命。

网络迷信和现实生活中的迷信一样，同样可以腐蚀人的思想，消磨人的意志，扼杀人的理想，甚至左右人的行为，让人在不知不觉中形成消极的人生观，可谓贻害无穷。并且，网络迷信往往披着"科学"的绚丽外衣，对思想还未定型的中小学生来说，具有极大的诱惑性，更容易侵入学生的精神世界，危害往往更甚。

"高科技迷信"正以它的"丰富"内容吸引着数量众多的学生网民，并入侵到他们的大脑和心灵。"高科技迷信"迎合了学生追求新鲜事物的好奇心理，又与当下在学生中流行的一些颓废心态相融合，所以能够大行其道，但这恰恰凸现出当下科普的困境。"高科技迷信"带给学生的危害是巨大的，中小学生正是身体发育和树立世界观、人生观的时期，如果任由这些缺乏科学思想和科学精神的文化垃圾充斥他们的心灵，无疑将会对他们今后的价值取向产生不良的影响。

2. 网络的隐匿性、虚拟性影响了学生思想道德观念的趋向，造成道德失范和道德弱化

网络活动的最大特点就在于虚拟性，虚拟状态既为网上行为提供了安全的屏障，也给不正当、不道德行为披上了漂亮的外衣，从而造成网络社会虚假信息的泛滥及非道德现象的发生。由于网络的隐匿性，在网络上可不必为自己的言行承担社会责任。网络成为这样一个领域：后现代主义的道德相对主义提倡"你想怎样就能怎样"或"怎样都行"、无政府主义等种种思潮适宜生长、繁衍的领域。所以，网络容易使学生忘记现实社会的责任与道德要求；而网络各种良莠混杂的信息，也增加了中小学生辨别是非真伪的难度。学生还没有成型的世界观、人生观和价值观，网络对他们的影响尤其直接。他们自制能力弱、猎奇心强，尚未形成较为成熟的是非观，容易受到误导误入歧途。

网络社会是人类为自己开拓的另一个生存空间，这个崭新的信息世界，基本上还是没有法律和道德规范的社会空间，人们只是按照自己在现实社会中的人生体验来约束自己。这与建立在现实社会基础上的传统的道德规范形成巨大

的冲突，使之约束力明显下降。目前网上的道德规范是非强制性的，只能靠个人的内心信念来维系，这样网络中的人是否遵从道德规范，也不易察觉和监督，而不像现实社会中的道德要靠社会舆论、传统习惯、内心信念三者同时来维持。因此建立在网上的道德规范约束力减弱。

3. 网络的虚拟性容易引发"网络幽闭症"和"网络孤独症"

现在中小学生的生活普遍存在的问题是：室内活动多，户外活动少；模拟体验多，生活体验少；间接体验多，直接体验少。上网聊天其实也是现在孩子内心企图寻求理想化状态的一种途径。但是，长期沉湎于虚幻的网上世界，会在一定程度上弱化他们与真实世界交往的能力，尤其是在性格、气质尚未定型的时候，这种影响可能更大，严重的还能导致心理疾病。应该鼓励孩子多点自然体验，多开展野外活动、实际活动，千万不能让孩子"酝酿"成网络幽闭症。

与此同时，学生时期作为从儿童到成年的过渡阶段，最渴望获得同辈群体的认同。而现在的学生有很多是独生子女，在家中比较孤独，如果父母与孩子的沟通不够的话，其内心的精神需求在现实生活中就得不到满足。网络的出现恰好给予他们一个机会，可以透过在网上与同龄人的交流宣泄内心真实的快乐、烦恼、孤独和痛苦。但是有不少学生在网上交友、聊天时显得积极、热情，可以互诉衷肠。在现实生活中却对同学、家人丧失交往的兴趣，严重时出现情绪低落，产生自闭心理。这实际上已经是一种心理障碍。①

二、网络文化背景下学生心理健康教育对策分析

当学生的物质生活得到满足的时候，精神世界的需求就显得尤为重要，这就需要借助学校、家庭、社会的帮助，用正确的方式引导他们，来满足学生的求知欲，使他们健康的成长。

（一）家庭教育系统中的对策

1. 家长应采取科学的教育方式

所谓家庭教育方式，是指家长在家庭教育过程中所采取的具体方法和形式。科学的家教方式是在正确的家庭教育思想指导下，即在尊重、信任、理解孩子和理智的爱的基础上，家长所采取的一系列符合儿童心理特点的教育方式。② 家庭教育方式的科学与否直接决定着家庭教育质量的高低。在网络文化

---

① 刘昕. 网络对学生心理健康的负面影响及防治措施 [J]. 临沂师范学院学报，2001（05）.
② 张履祥，李学红，等. 学校心理素质教育 [M]. 合肥：安徽大学出版社，2000：556..

下，家长应改变传统的教育方式，采取适应网络文化的新型的教育方式。

（1）家长与孩子要多交流，转移孩子上网的注意力

家长可以抽出时间陪孩子逛逛书店和商场、看看电影、出外旅游；也可以在家里搞些家庭活动，如让孩子一起包水饺、和孩子一起下棋；另外也可以培养孩子的业余爱好，让孩子做自己喜欢的事情，如踢球、弹琴、游泳等活动。这样分散了孩子的注意力，孩子就不会把主要精力放在网络上，而是去做更多感兴趣的事情，从而避免了网瘾。

（2）家长应学会引导孩子

首先，要发现孩子的兴趣并引导孩子交知心朋友。有很多学生上网的目的就是聊天交朋友，他们认为现实生活中很难交到知心的朋友，就梦想从虚幻的网络中寻找，并且感到这种方式很神奇，符合他们的好奇心。但这种网络上的朋友毕竟是不真实的，万一和现实差距很大，很多学生就没有这个心理承受能力接受现实，严重了就导致心理疾病。作为家长，应学会引导孩子交现实中的朋友。当发现孩子有志趣相投的朋友时，应给予鼓励，让孩子在与朋友的交往中，找到生活的乐趣，树立生活的信心和目标，让孩子始终以一种积极乐观的情绪面对生活。

其次，在家庭生活中要引导孩子树立理想、制定计划、探究发现、实践操作、克服困难解决问题，使家庭学习与学校学习目标一致。现在有很多学生上网成瘾是因为没有生活的目标，对学习厌倦造成的。作为家长，不能用训斥的方式解决问题，因为事实证明，这种方式起到的作用是微乎其微的。家长应该一起与孩子面对学习的压力，一起探讨学习的方法，甚至可以通过自身的进修与孩子一起面对学习，以自己坚强的毅力来感染孩子，推动孩子。有了目标和动力，孩子就会把精力转移到学习和有益的活动中来，就不会把自己拴在网上。

再次，要引导孩子有目的地上网，并为他们选择一些有益健康成长的网站，告诉孩子在网上哪些事可以做，哪些事不可以做，哪些信息不能泄露，上网多长时间最合适，怎样进行自我保护，怎样分辨信息的好坏。作为学生监护人的家长，有责任、有义务为孩子上网护航。网络的很多信息对于学生是很有益的，戒除网瘾并不意味着永远不上网，而是适度上网，通过网络带给自己受益终身的东西。家长要给孩子规定合理的上网时间，不能没有节制、放任自流。目前，能够帮助学生学习的网站俯拾即是，家长要积极引导他们把上网与学习有机地结合起来。

（3）进行赏识教育

赏识教育是最近几年出现的一种非常科学的新型教育方式。赏识教育包含

着家长对学生的爱、尊重、信任和理解，有助于学生按照家长所期待的方向前进。① 家长应尊重孩子，并学会赏识自己的孩子，保护孩子的自尊心。要学会发现孩子身上的闪光点，鼓励多于责备。现在的学生见识广，反叛心理比较重，还承受着来自家庭、社会、学校各方面的压力，如果家长不能引导孩子消除压力，而是不断给孩子增加压力，就会导致学生产生心理疾病。通过赏识自己的孩子，可以增强他们的自信心，释放压力，生活有目标，使其心理健康发展。

（4）民主平等地对待自己的孩子，做孩子的榜样

家长应建立民主的家庭关系。为孩子树立模范的榜样，时时处处以自己乐观向上的情绪感染孩子。家长还应尊重孩子，放下做家长的架子，养成与孩子平等对话的习惯，沟通情感，互相理解，让孩子认为父母和自己是平等人。家庭要和睦，父母教育意见要一致，要以身作则，做好孩子的顾问与人生导师。

榜样的力量是无穷的，学生自己心中都有偶像，他们往往会模仿偶像的一些行为，包括偶像外在和内在的一些东西。而大部分学生心目中的偶像都是歌星、影星、球星，很少有科学家。而把自己的家长作为偶像的更是寥寥无几。家长是孩子身边最近的人，是孩子每天都能见到的人，如果家长是一个积极进取，乐观向上的人，就能感染孩子，如果家长也能虚心向孩子学习网络知识，孩子也会很乐于当这个教师的。家长在上网的过程中，如果只是聊天、游戏，那么孩子也会模仿；相反，如果家长通过网络了解国内外新闻、学习和工作有关的软件、学习打字等，孩子也会以家长为榜样，对聊天、游戏不屑一顾，取而代之的是通过网络搜索与学习相关的资料、学习网页和网站的建设等等。

（5）积极参与孩子的电脑学习活动

现在都提倡"亲子活动"，家长和孩子应该共同生活，共同学习，共同劳作，共同探究，共同总结，共同享受。在上网的过程中，如果家长和孩子共同探讨、共同学习，不但可以学到知识，而且促进了感情。

2. 家长应建立良好的亲子关系，以"家庭温暖法"预防或戒除学生的网瘾

很多学生平常学习压力就大，回家还要听父母的唠叨，所以就到网吧释放压力，寻求一种心灵的解脱。作为家长，应该把家庭创造出一种温馨的氛围，父母应该非常精心地营造一个令孩子身心健康成长的家庭人文环境。不要时刻在孩子耳边唠叨，多和孩子沟通，并学会帮助孩子释放学习的压力，这样，孩子自己就会主动回家，而不是天天在网上无目的地漫游。

---

① 金其先. 梦山论道·名校长丛书 差异化教育［M］. 厦门：厦门大学出版社，2015：30.

随着工作节奏不断加快，竞争压力日益增大，许多家长不得不将更多的时间和精力投入工作中，致使他们无暇顾及甚至忽视对孩子尤其是处于青春期孩子的教育和指导，这已成为目前普遍存在的一个社会现象。作为家长，不管工作多忙，都应该抽出时间关注自己的孩子，对孩子要有爱心、耐心、还要交心。陪孩子聊聊天，甚至一起去旅游，建立良好的亲子关系，使孩子有一个愉快的心情，保持健康的心态，这样，孩子就能正确认识自己，愿意和父母亲近，甚至愿意和父母共同分享网络的神奇，分享网络带给他们的喜悦。

3. 家长应不断提高自己的网络素养

家长的学习既是个人充电的需要，也是为孩子树立学习榜样的需要。家长应不断学习，并加强个人对互联网的认识，尽快成为孩子网络教育的引路人。家长必须掌握使用网络的基本技能，学会使用"过滤技术"是父母用来抵制色情网站的基本武器。找出较好的校园网站，收入"收藏夹"，作为孩子固定浏览的站点。防止学生网瘾症最重要的就是严格控制上网时间，学生处于发育时期，上网时间应严格控制，每天以不超过 2 小时为宜。

另外，还可以成立网上家长学校，通过家长联系与咨询，开展网络心理咨询活动。解决家长的困惑和难题，提供好的教育方式方法，增强家长教育孩子的信心。

（二）学校教育系统中的对策

网络媒体与学校教育正在显现相互借助、相互补充、相互合作、相互发展的态势，它是学校教育的有益补充。学校应义不容辞地承担起网络教育的责任，发挥学校教育的引导和疏导作用。[①]

1. 提高教师和学生的网络素养

（1）提高教师的网络素养

学校是学生成长的另一个环境。一般而言，一个人从儿童、少年到青年，绝大部分时间在学校中生活，学校主要是由教师和学生组成的。因此，教师的正确指导对于学生是必不可缺的。现代教育向教师提出了新要求，教师只有保持心理健康并具备良好的人格素质，才能适应时代的要求，教师的心理健康水平对学生的心理健康、人格形成和发展起着重要的教育和影响作用。计算机网络的发展给每一位教师提出了一个新的问题：即承担着教书育人重任的教师，其对学生的教育方式应如何适应科技的发展、时代的进步、社会的急剧变化及生活环境的日趋复杂？教师要做到以身作则，提高自身的网络道德修养，关键

---

① 徐坚. 网络教育资源与学校教育的有效结合 [J]. 西部素质教育, 2020, 6 (02).

是加强学生上网的指导。教会学生判断、教会学生选择，提高学生自身的"免疫"力。

（2）培养学生的网络信息素养

学生是网络文化的主要参与者，网络世界对于学生有极强的诱惑力，他们需要专家的指导，需要优秀的网络技能培训，需要安全的上网场所，需要优良的机器，需要体验网络生活，需要社会各界为他们提供网络世界中的阳光与营养。我们要在提高自身网络知识的同时也要教育引导学生学生正确看待网络时代，学会利用网络，因势利导，积极规范学生学生的上网活动。

2. 开展心理健康教育

（1）开设心理健康教育有关课程

开设心理卫生课、青春期教育课，向学生传授、普及心理健康知识。学校应配备专业的心理咨询师。

（2）开设心理辅导活动课

学校心理辅导的直接目标是提高全体学生的心理素质，最终目标是促进学生人格的健全发展。这种课程的特点是，以学生活动为主，内容上充分考虑到学生的实际需要，强调学生认识、情感、行动全面投入，组织上以教学班为单位。目前应积极结合网络文化对学生心理的影响开展心理辅导活动课。

（3）在学科教学中渗透心理健康教育的内容

学科教学是学校最基本的活动，在学科教学中渗透心理素质教育不仅是必要的，也是可行的。学科渗透是指教师在教学过程中自觉地、有意识地运用心理学的理论与技术，帮助学生提高课堂学习活动中的认知、情意和行为水平。

3. 建设好校园网

教育部基础教育司在《初、中等学校校园网建设规范》中明确定义："校园网系指校园内信息装置互联运行的技术和软件等构成的为学校管理和教育教学服务的集成应用系统，并可通过与广域网的互联实现远距离信息交流和资源共享。"① 并特别指出："有条件的学校校园网建设可考虑三网（数字网、电视网、广播网）合一方案，以满足学校的实际需要和规范校园的整体建设。"②校园网一般是将各办公室、教室的微机互相连接成网，以便信息交流，提高工作效率。可以在网络上传送通知、邮件、课件，进行网上校务管理，图书查询等。这是现代教育必备的基础设施。校园网还连接互联网，与国内外院校和单位信息交流。

---

① 傅荣校，杨福康. 空中校园 网络传播与教育［M］. 上海：复旦大学出版社，2001：240.
② 同上。

在力所能及的条件下，加强校园网络文化建设，不断丰富校园内容，设置校园网文化平台，积极开展一些有益于培养学生网络道德的活动，比如开展有关国情、法制等多媒体专题制作比赛、开设"网上论坛"自由讨论热点问题、新人新事、建立电子刊物，丰富校园文化生活，向学生推荐优秀网站等。

建立健全学校网络教育管理中心，发挥教师的指导作用，因势利导，帮助学生树立健康的上网意识，培养健康的上网人格，具体的上网指导可从如何掌握网络操作技术、怎样安全上网、如何增强网络免疫力三个方面着手帮助学生掌握基本的网络发布、传送，获取信息的原理与技术、帮助学生增强安全上网意识，提高学生正确分辨、判断和选择信息的能力。

在可能的条件下，监控、过滤、消除可能侵入学校网的消极信息，防患于未然，运用内容过滤器和防火墙过滤器技术可以屏蔽不良的网站，对网上色情、暴力和邪教等内容有强大的堵截功能。并在此基础上利用现代手段，为学生提供全面、完整的信息服务，使网络最大限度地发挥积极作用。

（三）社会教育系统中的对策

社会也要积极采取措施，采取引导的方式，创造良好的网络空间与和谐的网络环境。

1. 加强对网吧的管理

不少网吧经营管理者唯利是图，缺乏必要的专业技术、法律知识，网络安全意识淡薄，在实际经营中疏于管理，对上网人员放任自流。有关部门在日常监管中也存在尚待完善之处，给违法经营者以可乘之机。国家现在已明令禁止未成年人进入网吧。有关部门在加大网吧的日常管理、监督的同时，也积极开展"学生安全放心网吧"创建活动，坚决杜绝未成年人在网吧上网。现在相继出现的"校园网吧""健康网吧""绿色网吧""无污染网吧"等，大大净化了网吧经营环境。

社会应对无经营许可证和营业执照的"黑网吧"，对违规接纳未成年人进入、存在安全隐患的网吧进行治理。同时，依托中小学网络教室和城市社区学生网络教室逐步建设一批未成年人上网场所——"阳光网吧"。

2. 建立相关网站

（1）建立心理学网站，重视网上心理健康教育和治疗

网络心理教育除具有一般网络教育的特点外，还有其自身的特点。

其一，信息快捷，即时性强。网络心理教育信息传递快，具有迅速扩张性和强力渗透性的优势。教育的限时性好，可以为心理困惑者、心理障碍者，甚至是有自杀意图的人提供及时而有效的帮助。

其二，信息量大，准确全面。网络心理教育信息量大，联系广泛，心理教育信息准确全面，可以对不同地点、不同学派的心理专家的意见进行反复比较，避免受单方面专家因其自身知识或经验的局限性而影响心理教育效果的情形。

其三，选择自由，隐秘性强。网络心理教育不受时空限制，操作方便、简洁，节省人力资源，能有效地发挥心理专业教育工作者的作用，造福更多的学生。网络心理教育的隐秘性强，教育对象和教育内容不受限制，如同性恋、婚外恋、性错乱等特点的性问题和隐私问题。

其四，生动活泼，互动性强。网络心理教育信息图文并茂，生动活泼，比信函、电话、报刊宣传、广播电视等心理教育更有优势。网络心理教育人机互动性强，可以突出学生为主体的特点，有助于调动学生的主观能动性；也可进行同辈辅导、病友互助，加强人际沟通，充分体现学生在心理教育中"自我教育""自我帮助"的本质特征。[①]

网络心理教育是整个社会中心理教育的一个有机组成部分。互联网为心理健康教育开辟了一种高质量、高效率、超传统、高信息、高科技的崭新手段，将是 21 世纪发展速度最快的心理教育形式。

（2）建立学生网站，向家长学生推荐好的优秀的网站，开辟和建设绿色网站

目前，形形色色的网站很多，但健康的、具有教育功能的网站不多，也很少有学生光顾，因为大多内容贫乏、"千站一面"，其功效也就无法实现。因此，需要加强网络工作的队伍建设，努力建设一支既具有较高的思想道德修养、熟悉学生心理特点又了解网络文化特点，能比较有效地掌握网络技术的队伍，建设一批能吸引学生"眼球"的绿色网站，在网上进行生动活泼的教育，弘扬主旋律。建立学生网络，丰富校园内容，积极开展一些有益于增进学生网络知识、提高其网络技术水平。可根据各校情况开展"多媒体专题制作比赛""网页设计大赛""网上论坛"等活动。

3. 采取具体技术措施

除了在政策、法律上规范网络行为外，利用必要的技术手段也能在一定程度上达到过滤信息垃圾的目的。

当前，最常用的技术是安装信息过滤软件，主要包括"黑名单""白名单"和 PICS 系统。

"黑名单"是第一代过滤软件，工作原理是封锁住不应检索的网址。该软

---

① 傅荣. 网络教育、网络心理教育与学生心理健康 [J]. 教育技术研究，2001（03）.

件分门别类地记录了许多非法和有害信息（如暴力、裸体、性行为、毒品等）的网址，父母在软件管理一栏中可以选择中断对其中任何一类信息的检索。

"白名单"是第二代过滤软件，它是先封锁住所有互联网网址，然后选择可供访问的网址。它在使用过程中十分安全，特别适用于中小学。

第三代过滤软件是 PICS 系统，它是目前过滤互联网中违法和有害信息的最全面、最有效的技术手段。与其他过滤软件相比，PICS 系统过滤信息范围广泛，智能程度高。人们可以根据特定国家和特定用户群的需要，建立相应的标签体系，以达到对网络信息进行筛选和过滤的作用，对防止违法和有害信息的传播发挥了重要作用。

随着科学技术的飞速发展，更方便，更安全、更快捷的过滤软件会不断出现。政府部门也要不断增大投入，建立权威网站，加强在互联网上构筑"信息海关"，从而达到净化网络空间的目的，同时加强网络的国际合作，共同致力于国际网络管理。

4. 加强理论学习

网络心理学一方面服务于整个心理学研究，促进心理学研究与现代网络技术的全面结合。另一方面，则致力研究网络技术对个体心理、社会心理的多重影响，使个体在信息时代得到更好的发展。①

当前网络心理学正在成为一颗冉冉升起的明星。其他传统的学术刊物也对网络心理学的发展持有相当的兴趣与热情。在欧美一些相当有影响力，反映一个学科动态的学术刊物，如《美国心理学家》《临床心理学》《心理学新思》都出现了与网络相关的学术论文与学术报告。作为互联网的发源地的美国对网络心理学的发展更是情有独钟。随着研究的不断深入，网络心理学将会进一步完善和发展。

就目前来看，我国对互联网心理学的研究还很不到位，今后我们应该加强对它的研究，建构人本化的心理健康教育理念，实施系统化的网络心理教育。

---

① 中国未来研究会教育分会．心理健康自我调整指南［M］. 呼和浩特：远方出版社，2007：88.

第四章　网络时代背景下中小学道德教育

网络是一把双刃剑，一方面因其传输信息的快捷而产生了极高的效率，为人们的生活和工作带来诸多便利和便捷的通讯；另一方面，网络改变了人们的思想观念，尤其是对于人生观、世界观尚未定型的未成年的中小学生影响很大。随着网络的普及，网络道德问题已成为网络发展中仅次于技术方面的第二大难题并愈显突出。青少年正处在价值观念形成时期，道德认识、道德情感和道德行为都很不稳定，缺乏必要的经验和鉴别能力，由于道德认识不深刻，缺乏稳定的参照标准，容易产生价值迷茫，经不起诱惑。因此必须加强对网络信息选择和判断能力的培养。此外，因为上网行为是个体性的，而且更具隐蔽性，所以自律尤为重要，而自律需要有明确的道德规范为依据、为准绳，因而，加强网络道德建设势在必行。

第一节　网络时代德育的意义

一、网络背景下的德育建设是时代发展的需要

21世纪是信息化的社会，是网络社会，网络已经迅速渗透人类社会、经济、政治、文化和军事等各个领域。越来越多的人被网络所吸引，陷入了以计算机网络技术为基础的"数字化"生存方式，人们在虚拟世界中开展各种文化互动；虚拟社区则为"数字化生存"提供了一个文化交流与人际交往的互动平台，这是一个世界性的发展趋势，不可逆转。

虽然，虚拟社区是数字化的网络空间，它与现实的社会生活之间有着很大的差异，然而，网络空间与现实社会也并非是截然对立的，两者之间存在着必然的联系。从某种意义上来说，网络空间也是在现实的基础上建立起来的，是现实社会中的人利用网络技术创造的一个全新的生活空间。因为操控计算机的

仍然是一个个鲜活的生命，是现实社会中的人，所以凡是在现实生活中人们可能遇到的伦理问题，在网络世界中同样存在。于是，人们刚刚开始为互联网带来的巨大改变而欢呼，就不得不面对互联网带来的日益凸显的问题。

　　一开始作为学者和研究人员游乐园的因特网，在经历了长期痛苦的成长过程后，现已成为一个功能齐全、政治化的计算机王国。它吸引了不同生活背景、来自不同行业和不同年龄的公民，同时也吸引了许多盗窃分子、诈骗犯和故意破坏分子，甚至还是恐怖主义分子的避风港。① 网络病毒、网络色情、网络黑客、网络侵权、信息垄断、网络综合征、伪科学等接踵而来。网络空间中的社会问题不仅妨碍了网络社会中大部分或一部分网络行为者的正常的社会生活轨迹和秩序而且也对整个网络社会生活造成了较大的影响，并在一定程度上影响了网络社会正向变迁程的形成，② 网络技术的负价值对人类社会造成的冲击并不亚于它的优势。

　　面对这些问题，传统意义上的政府几乎束手无策，它确实需要一种内在的控制机制——尽管崇尚自由的网民对此大喊大叫。③ 于是，越来越多的研究者意识到，要想维持网络空间的有序性，保障网上群体和个人的利益，必须建构控制体系，采用技术、法律和道德等手段进行有效的社会控制。其中，道德控制显得尤为重要，在控制体系中占据主导地位。④ 作为对广大中小学生进行道德教育主阵地的学校德育，必须针对网络给中小学生带来的影响积极研究对策，化解矛盾，为学生的发展保驾护航。

二、网络背景下的德育建设是社会主义精神文明建设的需要

　　我国社会主义精神文明建设，必须以中国特色社会主义理论为指导，坚持党的基本路线和基本方针，加强思想道德建设，发展教育科学文化，以科学的理论武装人。以正确的舆论引导人，以高尚的精神塑造人，以优秀的作品鼓舞人，培育有理想、有道德、有文化、有纪律的社会主义公民，提高全民族的思想道德素质和科学文化素质，团结和动员各族人民把我国建设成为富强、民主、文明的社会主义现代化国家。这是精神文明建设总的指导思想，也是精神文明建设总的要求。

---

① ［英］尼尔·巴雷特数字化犯罪［M］.郝海洋，译.沈阳：辽宁教育出版社，1998：197.
② 冯鹏志."数字化乐园"中的"阴影"：网络社会问题的面相与特征［J］.自然辩证法通讯，1999（5）.
③ ［美］埃瑟·戴森.2.0版：数字化时代的生活设什［M］.海口：海南出版社，1998：17～18.
④ 刁生富.在虚拟与现实之间——论网络空间社会问题的道德控制［J］.自然辩证法通讯，2001（06）.

社会主义思想道德集中体现着精神文明建设的性质和方向，对社会政治经济的发展具有巨大的能动作用。可见，思想道德建设在加强精神文明建设中是至关重要的。要提高全民族的思想道德素质，就必须重视和加强德育工作。而实施网络德育是社会主义精神文明建设的重要手段之一，是社会主义建设事业的有力保证。

三、网络背景下的德育建设是全面推进素质教育的需要

自 20 世纪 90 年代中期素质教育理念提出并迅速推行以来，不少人认为这是教育思想观念上具有划时代意义的重大突破、是我国特有的教育创新。如今，素质教育正在广大中小学校如火如荼地展开。全面推行素质教育，已经成为党中央和国务院为加快实施科教兴国战略的一项重大决策。

对素质教育内涵的解释有很多，分歧也很大，但也达成一些共识，即素质教育是指一种教育模式，它以提高受教育者诸方面的素质为目标，重视人的思想道德素质、能力培养、个性发展、身体健康和心理健康教育。"素质"原本作为生理学范畴的一个概念，是指人的先天生理解剖特点，主要指神经系统、脑的特性、感觉器官和运动器官等特征。这种特征是人们获取知识、增长才能的基础，其外在表现为人的性格、意志等。现在，"素质"已发展演绎成一个更综合的概念，指人在先天生理的基础上受后天环境和教育的影响，通过个体自身的认识和实践，形成的相对稳定的身心发展基本品质，是一个人在社会生活中思想与行为的具体体现。

人的素质具有综合性，是指人们自身所具有的各种生理的、心理的和外部形态方面以及内部涵养方面比较稳定的特点的总称，一般来说包含以下四个部分：思想品德素质、文化素质、业务素质和身心素质。其中，思想品德素质是人的灵魂与方向，是做人的根本；文化素质是人的发展基础，体现了人对自然和社会的了解；业务素质指个人从事某项工作和开展某项活动的能力，是人的立业本领，它不仅包括知识技能结构，还包括工作能力；身心素质则是前三项素质的物质与精神的基础，反映了人对自然与社会的承受力。

素质教育是以提高国民素质为根本宗旨，以培养学生的创造精神和实践能力为重点，造就有理想、有道德、有文化、有纪律的德、智、体、美等全面发展的社会主义事业建设者和接班人的教育。实施素质教育，必须把德育、智育、体育、美育等也统一在教育活动的各个环节中。学校教育不仅要抓好智育，更要重视德育，还要加强体育、美育、劳动技术教育和社会实践，使诸方面教育相互渗透，协调发展，从而促进学生的全面发展和健康成长。

教育工作中，曾经出现过一些片面的观点，如将教育狭隘地理解成科学文

化知识的教育，只重视智育，轻视德育。即使在今天，也存在片面地将素质教育仅仅理解为加强音乐、美术、体育等方面的知识和技能训练，忽视思想政治素质教育的现象。德育工作一直是学校工作中比较薄弱的环节，思想认识还不到位，内容陈旧，方法简单，灌输说教。这些问题如果不迅速加以解决，势必会影响广大中小学生的健康成长，影响科教兴国战略的实施和现代化建设的成功，使党的事业和民族的未来蒙受损失。因此，学校在全面推进素质教育中，决不能忘记或忽视思想品德素质教育，一定要真正确立德育在学校素质教育中的核心地位。

德育是素质教育的灵魂和核心，居于学校素质教育的首位。网络是新时期德育工作不可回避的环境，关注网络技术带来的变化，研究网络德育是学校德育中一个不可或缺的组成部分。实践证明，网络作为一个战略高地，影响着人们生活的方方面面。因此，德育必须抢先占领这个高地，解决不断出现的问题并尽可能防患于未然，让网络为素质教育服务。网络背景下的中小学德育，就是针对网络环境带来的影响，对广大中小学生有目的地施以道德影响的活动，内容包括帮助他们提高道德觉悟和认识，陶冶道德情感，锻炼道德意志，树立道德信念，培养道德品质，养成道德习惯等。"在我们没有能力清除生活中所有陷阱的情况下，让青少年不落入陷阱的最好办法是教会他们识别陷阱；在我们没有能力铲除所有毒草的情况下，让青少年免于毒害的最好办法是教会他们识别什么是鲜花，什么是毒草；在我们没有能力限制低级趣味的东西进入人们生活的情况下，让青少年脱离低级趣味的最好办法是给他们提供更具吸引力的高级趣味的东西；在我们没有能力消灭感冒、霍乱等有害细菌的情况下，最好的办法是增强自身的抵抗力。"①

四、网络背景下的德育建设是继承优秀道德传统的必然选择

中国传统道德是指从先秦到辛亥革命时期，以儒、墨、道、法等家为内容的中国古代传统思想道德。它包括中华民族在长期生活实践中凝聚起来的道德心程、道德观念、道德准则、人生理想、道德学说和伦理学说等丰富的内容，它是中华民族思想文化传统的重要组成部分。尤其是我国传统道德中存在的诸多优秀的思想，如热爱祖国、维护祖国统一的道德情操，勤俭节约、艰苦创业的优良品质，公而忘私、先人后己的整体精神，忠诚质朴、实事求是的道德规范，等等，这些优秀的道德传统是中华民族生生不息、不断发展壮大的精神动力之源。

---

① 迟雅. 青少年网络撼育研究［J］. 英才心理咨询，2008（10）.

任何一个民族的生存和发展，都离不开其在长期的历史实践中孕育而成的优秀的思想道德传统的支撑。尊重民族的历史发展，发掘民族的优秀思想道德传统，并使其随着时代的进步不断超越自身，不断与时俱进、弘扬光大。

网络背景下的德育建设是一个民族繁荣昌盛、立于不败之地的客观要求。面临国际竞争激烈、民族发展的初遇和挑战同时存在的新形势，坚持正确的立场、观点和方法，深入发掘中华民族的思想道德遗产，继承和弘扬中华民族的优秀思想道德传统，对于我们加强社会主义思想道德建设，增强民族凝聚力和竞争力，构建社会主义和谐社会，实现中华民族伟大复兴，具有重大而深远的历史意义。

然而，网络时代的来临打断了传统道德的正常进程。虚拟的网络空间最大限度地成了人类可以自由发挥的舞台。社会现实的道德规范与自我规范已不复存在，通过网络互动的"我"是无拘无束的个人与符号形象的交流，而不是受公民、民族、社会道德等制约的人与人或者人和群体的互动。人们可以最大限度地按照自己的意愿行事，拥有滥用自由的权利，也可以最大限度地抛却自己所要承担的义务和责任。个人在现实生活中的各种社会角色与应遵循的道德准则通通被抛弃，个人隐藏在内心深处的各种欲望趋向得到最大程度的满足。无论是浏览信息还是聊天游戏，都更加私密化和无章可循。这就对建立在现实社会基础上的传统的道德规范形成巨大的冲击，使之约束力明显下降，传统道德面临严峻的考验，原有的社会道德、价值共识逐步丧失。

弘扬优秀道德传统，网络是一个绕不开的课题，只有认真研究网络背景下的道德教育，不断总结经验和教训，最大限度地深化学生对优秀道德传统的价值认知，才能既发扬道德传统，又能利用道德传统为网络时代的道德建设服务。①

第二节　网络对中小学生思想道德的负面影响

一、网络的负面影响严重干扰了学校德育的正面作用

德育是整个学校的教育工作的灵魂。德育必须依托智育、体育、美育等其

---

① 邵广侠，刘晓苏.中小学素质教育与学生发展状况研究［M］.苏州：苏州大学出版社，2016：297.

他各育，以诸育为载体，在诸育中渗透德育。学校的每个人都应该抓德育，所有的课程都要渗透德育，学校的日常管理和师生交往等一切时空中都要渗透德育。

根据德育的特征，可以将德育表述为：德育是学校思想品德教育的简称，是全面发展教育的重要组成部分之一。它具有特定的外延和内涵，在其外延上有狭义和广义之分。狭义的德育仅指道德教育；广义的德育泛指培养人思想品德的教育活动，是这些教育的总称（学校德育即指广义的德育）。就德育的内涵而言，德育是对人思想品德给予多方面培养的各种教育活动的总称，是教育者依据人的身心发展规律，采用多种形式和方法，用一定社会多方面的外在要求对受教育者思想、言行给予有目的、有组织、有计划地影响和培养，以使他们形成相应思想品德的教育活动①。思想政治教育的任务就是教导人们如何做人、怎样做事，以求培养高素质的杰出人才。中国传统文化中蕴藏着丰富的如何做人、怎样做事的道理，而这又是中国传统教育与思想政治教育的共同处、交叉点、结合部②。

网络时代，受教育者自觉或不自觉地接受来自网络上的多元化的教育影响，网络教育活动具有的空间的自由度使教育的统一性与教育内容的多元性矛盾日趋尖锐，尤其是互联网，它是强调个性与自由的传播媒介，存在交流虚拟化、内容西方化等特征，中小学生如果缺乏对不良资源的分辨能力，将对形成科学的人生观和价值观产生不可低估的负面影响。教育应当在每一个人需要的时刻以最好的方式提供必要的知识和技能。教育者可以利用网络最大限度地实现因材施教的教育思想，加强学生德育档案建设，制定个性化的培养方案，利用德育信箱等形式进行德育辅导与咨询，从而有利于青少年个性发展的全面性、统一性和连续性。

学校德育要求学生形成基本的道德修养，遵循社会道德规范，而网络是一个自由、开放的空间，在网络中活动的人可以任意妄为，随意散播不良信息甚至欺骗他人，其行为并无任何规范来约束；并且上网者也把自己的行为看作是纯粹的网络行为而不是一种社会行为，因而缺乏应有的道德规约和责任感。

二、网络容易误导中小学生正确价值观念的形成

中小学生的道德观念尚未完全形成，很容易接受不正确的道德观。网络聊

① 霍尔·戴维斯.德育教育的理论与实践［M］.陆有铨，魏贤超，译.杭州：浙江教育出版社，2003：105—106.

② 邓球柏.中国传统文化与思想政治教育［M］.北京：首都师范大学出版社，1999：98—99.

天中的部分对中小学生不利内容，网络游戏的内容、规则、环境等对中小学生树立正确的世界观、人生观、价值观非常不利，很容易使他们自觉不自觉地受到不良的影响，把网络游戏中尝到的"甜头"、体会到的生活方式应用到现实生活中，从而扭曲他们心目中的行为标准，导致一系列的犯罪行为。网络对青少年人格发展的负面影响。

（一）网络的无规范性引起的道德观问题

在一定意义上，中小学生生活的文化环境决定了他们可以利用的社会形式和行为的可能性。网络世界中，几乎不存在社会规范，这正好为中小学生提供了摆脱社会规范束缚的机会。中小学生的道德人格尚未成熟，很容易在丧失约束的状况下放纵自己的行为，增加其犯错、犯罪的可能性。网络的无规范性容易削弱中小学生的道德感、责任感，影响他们心理的健康发展。

（二）网络的虚拟隐匿性导致的角色混乱

网络的隐匿性为人们提供了一个与现实社会极为逼真的虚拟空间，在其间你可以尽情地尝试扮演各种角色，体验现实生活中无法企及的身份。现实社会是没有隐匿性的。中小学生心理不成熟，面对网络虚拟互动与现实社会互动在感知方式和情感要求上存在的差异，他们无法转换角色，甚至不能正确选择适应环境的生活角色。因此，网络在整合世界的同时，也分裂了我们自身，这就很可能使中小学生的人格出现多样化。

（三）网络信息的泛滥性带来的"电子毒品"

计算机网络在使信息的获取变得极为便利的同时，又造成了网络信息垃圾的泛滥性。网络信息垃圾，如暴力、色情等电子毒品对中小学生的心理发展造成的危害，举不胜举。这些网络垃圾阻碍了中小学生的人格发展，影响了其心理的健康成熟，是诱发犯罪行为的因素之一。

（四）网络成瘾引起的网络性人格障碍

网络空间不断涌现的新鲜"事物"，对于思维活跃、兴趣广泛、追求新奇刺激而又缺乏分辨和自控能力的中小学生来说，极具诱惑力①。

---

① 陈明祥. 浅谈网络对青少年人格发展的影响及对策［J］. 江汉石油职工大学学报，2004，17（05）.

三、网络严重刺激着中小学生的各种不良欲望

中小学生受网络游戏的不良影响，暴力倾向严重。网络游戏以分数和级别、环环相扣的情节、象征性的奖励等来激励玩家不断地玩下去，沉迷其中。网络游戏中充满了打斗、厮杀等暴力场面，中小学生玩游戏时尽情打杀，无须法律，更无须同情弱者，导致他们在现实生活中的暴力倾向严重，敢下狠手而毫无悔意。

另外，网络对青少年的强大吸引力还直接刺激了他们的金钱欲望，金钱是他们上网所必需的，为获取钱财而不择手段，无所顾忌。网上的现金交易很不规范，很多中小学生在这个过程中受骗上当。这种做法也会使一些他们产生不正确的赚钱观念。

一些网络游戏过分崇尚暴力，血腥味太浓，误使中小学生以为使用暴力可以解决遇到的一切问题；玩家之间相互谩骂或侮辱行为时有发生，污秽的语言充斥在一些网络游戏的环境中①。

四、网络对中小学生心理的不良影响

(一) 对中小学生的学习心理的影响

不良上网无助于解决中小学生面临学习的困难和压力，只会导致他们学习的失败，增加学习上的心理障碍。其原因是中小学生还处在基础教育阶段，学习需要很多时间、精力，不良上网容易分散他们的注意力。心理学中注意的智源限制理论认为②，注意是一种心理资源，对输入进行操作的智源在数量上是有限的。中小学生的注意是有限的，在网上花费较多的资源，那么用在学习上的资源就得减少。不良上网影响中小学生的学习成绩，使得中小学生变得更加焦虑，容易陷入恶性循环。

(二) 网络对中小学生人际关系的影响

网络给中小学生带来各种人际关系障碍和情感问题，例如网络孤独症、人际信任危机和网恋等。其原因是：网络在给学生提供巨大的交流方便和自由的同时，却在物理空间上隔绝和孤立了交流主体，缺失了人际直接交往所固有的

---

① 王锢，沈绮云. 互联网对中小学生负面影响的调查与分析 [J]. 中小学信息技术教育，2004 (10).

② 黄希庭. 心理学导论 [M]. 北京：人民教育出版社，1991：224—225.

丰富的人情表达和密切的人伦关系，以致使中小学生可能在虚拟的交往环境中，以一种彻底的外在化、符号化的方式和冷冰冰的操作伦理来对待真实的他人和社会，导致人际关系的数字化、非伦理化、非人性化。他们一旦离开网络，置身真实的社会人群，面对直接的人际交往时，就容易出现心理问题。[①]网络的虚拟性一定程度上会使中小学生人情淡漠，人与人之间的真实交往减少。

(三) 网络对中小学生个性形成的影响

中小学生个性形成的过程也是中小学生社会化的过程，是中小学生自身和现代社会交互作用中所逐渐形成具有自身特性的过程。网络中有害的信息影响着中小学生个性的形成。

在现代社会中，大多数孩子都是独生子女，他们本来就比较缺乏与他人沟通的机会，如果再沉迷于网络游戏，就会使他们更加缺乏人际交流，产生自闭倾向，甚至会患上"电脑自闭症"。他们会因为长期玩电子游戏左前脑发育受到伤害之后，进一步影响右脑的发育，处于亚健康状态或直接导致心理障碍。

第三节 网络时代德育建设所面临的机遇与挑战

随着个人计算机的日益普及，网络对人类日常生产生活的影响越来越大。互联网以其开放性、交互性、娱乐性以及沟通的便捷性和平等性、信息的海量性等，给我们带来了全新的生活方式和思维方式。然而，网络是一把"双刃剑"，在给德育建设带来初遇的同时，也带来了严峻的挑战。

一、网络背景下德育建设的机遇

(一) 网络丰富了中小学道德教育的资源

德育资源指的是对培养人的德行起作用的一切因素，包括人力、物力、财力，也包括知识、经验、信息等因素。信息量少、知识面窄、案例陈旧、缺乏生活素材等一直是影响德育工作效果的"瓶颈"因素。网络资源的海量性丰富了中小学道德教育的内容，弥补了传统教育中信息量不足、知识陈旧等道德

---

① 李萍. 网络对青少年情商的影响及对策 [J]. 班主任，2002 (04).

教育的缺陷。这些信息包含了很多道德教育的因素。马克思主义的经典著作、党和政府的方针政策、有关学术论文和著作、各种统计资料等，均可通过德育网络载体轻松地获得。国内外重大事件可通过网络即刻传向世界各个角落，德育工作者亦可及时获得信息。

有了网络，道德教育工作者既可以充分利用网络道德教育资源，采取多种形式，灵活开展道德教育活动，借鉴成功的道德教育教学案例和方法将其运用到道德教育教学活动中，摆脱传统道德教育内容仅限于书本的缺陷，还可以借助网络构建德育课程资源平台，使更多的德育工作者可以不受时空限制对课程资源进行合理而有效地选择、管理、组织、联系和运用。每个学习者都可以借助其所拥有的不同经验、文化背景、个性情感和以文字、图形、声像等表现的网络课程资源进行互动、交流，进而获得更多的知识，完善自身的知识体系。总之，有了网络，德育工作者和教育对象就可以获得更多的内容资源、方法资源、活动资源和其他各种有效资源，为德育工作有效性地提升奠定基础。

（二）网络提供了道德教育的新载体

德育载体是指承载、传导思想品德教育因素，能为德育主体所运用且主客体可借此相互作用的一种道德品质教育活动形式，如开会、谈话、报告、理论学习、管理工作、文化建设、大众传播、精神文明创建活动等，都可以是道德品质教育的载体。教育主体正是借助这些形式对教育对象进行教育并与其进行双边互动，从而实现对教育客体进行[①]生活主导的道德品质教育，为构建社会主义和谐社会提供精神动力和支持。

传统的学校德育工作有着良好的教育手段。如专家讲座、主题班会、专项教育活动、广播、开会、谈心、家访等。这些手段各有所长，对促进学校德育工作开展发挥了积极的作用。网络技术的出现和在教育领域的运用，使德育手段更具先进性。在网络支持下的大众传媒载体，如微信、论坛、博客、播客等，以其灵活、便捷、快速的特点，日益成为崭新的德育工作载体并显示出独特的优势。这些载体的特点，一是形象，二是生动，三是逼真。

QQ 群、博客、微信等多种信息传递方式，能以图、文、声、像等表达教育内容，生动形象，趣味直观，增加了教育信息的含量；甚至能模拟现实，让人有身临其境之感，其德育知识的感知、德育情感的体验等都是传统的德育手段所无法比拟的。将这些载体运用到中小学生德育工作中，可以增强道德教育的辐射力、吸引力和感染力，使道德教育的内容和形式更加丰富多彩，能最大

---

① 张志政. 初中生网络道德教育初探 [J]. 文理导航（中旬），2018（09）.

限度地调动学生的兴趣和参与热情，增强道德教育的实效。

（三）网络拓展了学校道德教育的时空

一方面，在网络技术支持下的交流可以打破时间的限制。基于网络技术的交流无须预约，无须同步，既可以适时交流，也可以异时交流。只要有一部设备，一个终端，德育工作者就可以实现和被教育者的一对一、一对多、多对一、多对多的对话。传统的道德教育工作，主要通过思想道德课程教学、学科渗透和社会实践活动的开展，面对面的课堂讲授、集体讨论、个别谈心是主要方式。今天的德育工作，由于网络技术的应用得到延伸，不再拘泥于人数众多的课堂，可以建立心理网站、道德教育网站、教学网站，师生可以实现平等的跨时空网上交流，方便教师解决学生的心理、学习问题。

另一方面，在网络上没有地理空间的限制，学校的"围墙"概念将逐步消失。无论是近在咫尺的还是远在天涯的，只要借助网络，不同学校、不同地区乃至不同国家的学生都可以共享网络资源。[1]

（四）网络创新了中小学德育的方式

课堂教学是学校教育的基本形式，是对中小学生实施德育的主阵地。在长期的教学实践中，广大德育工作者的辛勤耕耘确实取得了巨大的成绩。但是，随着德育环境的愈加复杂化和学生发展特点的变化，这些方式已经越来越难以适应德育工作的需要。由于教育者与被教育者地位、性格的差异，有时即使是面对面地开展工作也会存在一定的隔阂，学生不愿意说出自己的心里话，这给学校德育工作带来一定难度。

学生良好品德的形成取决于主体自身的积极性、能动性、创造性，依赖于主体的学习、思考、体验和实践。怎样使学生变被动学习为主动学习，变传统"说教"为"自由体验"，就是我们需要研究的课题。

实践证明，网络德育可以有效面对上述困境。首先，教师通过网络能把德育内容以图、文、声等手段表达出来，充分调动学生的视觉、听觉，激起学生对课程的兴趣，带着强烈的好奇心进入课程学习，从而潜移默化地接受教育者的观点，达到润物无声的效果。其次，德育工作者也可以在网上开展中小学生网络法庭审判、网络道德辩论等活动，让学生在典型的案例中受到教育，其道德知识的感知、道德情感的体验等都是传统的德育手段所无法比拟的。

再次，教师还可以通过网上聊天、发电子邮件、论坛、团体互动、个别交

---

① 刘畅. 中学生网络道德教育探究 ［J］. 文存阅刊, 2018 （20）.

流和咨询等形式与学生交流，为学生提供自主参与、体验的平台。上网聊天、交友是很多学生的嗜好。有的学生在现实社会中有很多问题不敢面对，有心事不敢向老师、家长和同学诉说，对学校或教师有看法也不敢说出来；而一旦进入网络世界，情况就会大为改观，他们会尽情地向他人倾诉。这主要与微信、QQ 这种非面对面交谈的形式有关，在这种"绝对"安全和自由平等的心理氛围下，学生们往往在很短的时间内就会敞开心扉。如果教育者能在这里与学生交流，就可以比较容易地找到学生的心理症结，从而更好地"对症下药"。

二、网络背景下德育建设的挑战

互联网出现前，人们获取信息的主要渠道是人与人直接交流，或者是通过报纸、杂志、广播和电视这些传统的大众传播媒体进行。这四种媒体在各大部门的监管之下对信息进行层层筛选、过滤，其内容与我们社会需要的教育目的具有一致性、趋同性，对人们特别是对中小学生的消极影响不大。但以网络为依托的网络就不同了。网络的开放性、监管性难使得互联网信息出现了良莠不分的状况，大量消极、虚假等不良信息影响着广大中小学生。

（一）资本主义意识形态的渗透

网络的开放性和超时空性，加速了世界各国人民的文化交流和经济贸易，也为各种意识形态和价值观的传播与斗争打开了方便之门。越来越多的国家利用文化传播加大对其他国家的意识形态、价值观念渗透，使得网络越来越成为意识形态宣传的战场。

（二）多元文化时青少年价值观念的冲击

网络传输的超时空性和开放性，使得网络正在演变成为一个复杂的文化熔炉，东方文化与西方文化、传统文化与现代文化、主流文化与非主流文化五味杂陈，全球不同国家和地区的文化形态、思想观念和价值取向等都汇聚交织在网络上。不同的文化蕴含着不同的价值观，网络受众尤其是价值观还未成熟的广大中，学生极易受到影响。

（三）不良信息的影响

互联网发展至今，已经被打上了太多的商业化烙印，在唯利是图、实用主义观念的催化下，网络信息变得越来越复杂。为了吸引眼球它可以猎奇，为了增加点击率它可以造假，良莠不齐的网络信息让广大网民无所适从、无从辨别，更不要说价值观还没有最终形成的广大中小学生了，他们一不小心就会受到不良信息的污染。暴力游戏、色情网站、网络欺诈、封建迷信等内容的泛滥和传播，不仅增加了青少年选择和评判的难度，也使得他们逐渐淡化了是非观念，淡化了社会责任感和诚信度，弱化了他们的网络道德意识。

第四节　网络时代背景下中小学德育建设的对策

在当今的信息时代，网络对中小学生思想道德形成的影响是巨大的，不容忽视的，这其中既有积极影响也有消极影响。一切网络道德问题都不在网络本身，而在于使用网络的有思想意识的人。如何引导中小学生正确面对网络，是一个关系到社会发展的重大问题，要引起各方面的充分重视，群策群力应对这一问题。

一、政府

政府是网吧、网络管理的中坚力量，也担负着保护中小学生成长的重任，所以政府应携同学校、家庭等社会各方面力量，努力为中小学生营造一个良好的网络空间，充分发挥网络对中小学生思想道德形成的积极作用，控制和减少其消极作用。[①]

（一）充分认识非法网站、网吧对青少年的危害

网吧是中小学生接触非法网站、网络游戏的主要场所，近年来对中小学生沉溺于网络造成"网络上瘾症""网络孤独症"甚至走上犯罪道路的报道屡见于报端。一些网吧的污浊环境不利于中小学生的身体发育，也增加了他们接触到社会不良人群的概率。

一些老师也反映了许多在工作中遇到的学生沉迷于网络导致学习成绩后退、视力下降及性情发生改变的案例。可以说，对于中小学生的成长来说，将网络中的非法内容称为"电子毒品""电子鸦片"是不为过的。中小学生是祖国的未来，民族的希望，是网络行为的主体，政府应充分认识到非法网站、网吧对中小学生造成危害的严重后果，加强对网站、网吧进行治理的紧迫感和责任感，将对这一问题的认识上升到国家、民族命运的高度来对待。

---

① 董海浪，谭林. 政府部门应对学生沉溺网络的对策 [J]. 社科纵横，2011 (10).

（二）疏堵并用，创新网吧的管理模式

（1）加大对非法网吧的打击力度

虽然我国早就出台了《互联网上网服务营业场所管理条例》，《条例》对网吧的设立、经营、处罚等都有更详细的规定。但有些网吧经营者受利益驱使，在经营时有法不依，对上网人员的年龄不加限制，甚至提供一些不良网站来吸引中小学生。对于这些违法经营者，政府应坚决予以取缔，在经济上给予严厉处罚，情节严重者追究其法律责任。

许多老师反映在对个别学生沉迷网吧现象的处理上仍存在一定的难度。究其原因，主要是因为在这些学校附近存在着一些"黑网吧"，这些网吧一般设在家属楼内、没有营业执照、不挂牌并存在严重的安全隐患。"黑网吧"的存在严重侵害中小学生的身心健康，由于地点隐蔽，这类网吧一般不易被发现。政府应联合各方面力量，加大对"黑网吧"的清理。同时，政府应设立监督举报电话或开通网上举报系统，群众的举报一经核实，即对"黑网吧"予以坚决查封。

另外，一些非法网吧虽被查封，但用不了多久就又重新开张营业。对于网吧、网络的监管应是一个长期的工作，政府应明确各部门职责，公安部门、文化部门、工商管理部门要各司其职、密切配合、综合治理，关键是一定要形成完善的制度，常抓不懈。对于相关主管部门的工作人员，如发现其存在玩忽职守、滥用职权、徇私舞弊现象，应给予严厉处分，严重的要追究其法律责任。

（2）加强对网吧的管理

首先要严格审批程序，不合要求的坚决不予批准营业，对网吧实行挂牌管理，对网吧采取定期检查和不定期抽查相结合的方式。其次，定期组织网络从业人员及互联网服务经营场所的经营者学习《互联网信息服务管理办法》《互联网上网服务营业场所管理条例》等相关法规，明确条例内容，提高其职业素养，加强行业自律。

（三）加强对网络的舆论宣传力度

政府各相关部门可通过报纸、电视、广播等媒体的力量，加大对网络知识的宣传，让民众尤其是青少年了解网络的积极作用，并充分认识到沉溺网络和浏览不健康网站给自身及社会带来的巨大危害。政府可组织广电部门制作关于网络知识的专题节目对青少年进行宣传、教育。同时，加大对《全国青少年网络文明公约》的宣传力度，逐步使青少年形成网络道德规范；并且，政府应大力宣传和推介一批优秀网站，促进此类网站的建设和普及，通过政府的舆论宣传，营造一种和谐、健康的网络文化氛围。

（四）建设一批适合中小学生的精品网站

与花样繁多的各种非法有害信息相比，网上主流文化信息尤其是针对中小学生年龄特点的网站少之又少，且更新速度慢、形式单一，缺乏时代感与吸引力。根据时代特色和未成年人的需要构建网站内容，以健康的积极向上的网络信息占领网络文化阵地。建议文化部门组织有关专家开发一批适合中小学生生理、心理特点的精品网站，突出新奇性、趣味性、竞争性、科幻性，精心设计网页界面，力求生动、新颖，网站内容应尽可能贴近青少年的学习和生活。

（五）加强对信息发布、传播的管理

政府应加大对网络的技术监控，可以采用一定的技术手段，如可通过互联网络内容选择平台对相关信息进行标记或使用信息过滤软件等，对待发布的信息进行审查、筛选，对点击有害网站者提出警告，如果再次点击，系统将向监控部门报警，以限制青少年浏览非法网站，减少他们对不良信息的接触概率。还可以利用技术手段过滤、净化网络空间，实现"绿色上网"。可以采用登录者电子身份鉴别、信息过滤和截杀、电脑 IP 地址与地理地址的对应软件，实时监控不良信息的传播，记录不法行为者的"击键情况"，提取证据；并可根据其来源、目的地 IP 和端口决定拒绝或放行。此外要加强软件产品研发投入，组织专业人员开发具有中华民族特色的、有利于中小学生健康成长的、融趣味性与思想性于一体的优秀游戏软件，引导网络游戏产业健康发展；加快建设"数字图书馆""数字博物馆""科普网站"等，为中小学生提供丰富的网上精神食粮。[1]

二、教育管理部门和学校加强网络道德教育

（一）发挥学校主渠道作用

这就需要教育工作者和受教育者双方都能够认清网络优势，转变德育观念，使学生学会选择，学会自律；利用网络资源，开展思想品德健康教育，使学生学会倾诉，平衡心理；吸纳网络信息，构建校园网络文化，活动育人，活动育德；发挥网络优势，与传统德育优势互补与融合，提高思想品德教育的时

---

① 王海南. 网络对中小学生思想道德形成的负面影响及解决策略 [D]. 长春：东北师范大学，2006.

效性。

网络环境下的思想品德教育，是真正意义上的开放式的教育，它改变了传统静态、封闭的教育模式，将其转变为动态的、开放的教育模式，将原本狭小的教育空间，变成了具有社会性质的、广阔的教育空间。网络上传播的信息是不能被教育者预先设定和控制的，网络上传播信息的途径具有跨平台、多通道等特性。

由于信息的种类繁多，好坏参半。所以对自身道德发展的有利信息会被学生接触到，对自身道德发展不利的信息同样会被学生接触到。如何提高学生辨析各种信息的好坏，怎样提高学生对信息的辨识度，正确的选择对自身发展有益的信息，以更好的帮助自己在生活和学习中进步。这种开放式的教育，就是将原有的"说教"被动式接受，变为"自主"主动式选择，这种教育形式的转变，一方面提高了学生判断事物的能力，使校内文化和校外文化更好的结合，另一方也是对教育工作者的严格考验，从"灌输"的主动地位，变为"引导"的被动地位，如何在网络环境下做好思想品德教育工作也是一个严峻的考验。

网络环境下的思想品德教育具有双向性、互动性，"青少年时期既是人生最重要的发展时期，也是人生一个最为脆弱和危险的时期，德育工作者一定要利用各种平台让学生充分表达自己并作及时引导，打开师生交流的渠道。"①教育者和受教育者可以自由地在网络上交流意见、发表观点，"校园手机论坛""网上聊天室""在线辅导"等，通过轻松的交流与对话，一起探索和求知，打破了传统教育的固定模式，使受教育者变被动为主动，学生学习、求知的自主性和积极性被调动起来，可以随时查阅信息，随时发表自己的见解、看法，与老师、同学沟通、探讨。这是一种人本主义教育理念，教育者与被教育者及时沟通、探讨、交流，教育者将成为受教育者在道德完善途中的一个知心朋友。"因此必须重视对青少年的'网德'教育，要让青少年懂得，虚拟社会和现实社会需要有一整套道德规范，网络社会才能够正常运转，不能因为网络的隐蔽性而忘记了起码的行为规则。要深入进行社会主义荣辱观教育，增强他们的道德判断能力，指导他们学会选择和识别，鼓励他们进行网络道德创新，提高个人修养，养成道德自律。"②

网络环境下的思想品德教育具有敏捷性和及时性，教育者结合网络的特征能够在第一时间发现学生的思想动向、情感历程、行为特征等，能够迅速而快

① 唐慧兴. 浅论中学生网络德育 [J]. 当代教育论坛，2007（08）.
② 林迎春. 浅析不良网络文化对青少年的影响及对策 [D]. 武汉：华中师范大学，2005.

捷地从网络获取学生的各种动态，从而把握思想品德教育的制高点，做好教育的前瞻性工作。网络环境下的思想品德教育，以其多样灵活、瑰丽多彩的特点，彻底改变了传统思想品德教育注重说教的枯燥形式，使课堂从静态变为动态，枯燥的内容变得生动形象起来。

网络环境下的思想品德教育与传统的思想品德教育是互不排斥的，教育的内容都是体现了党和国家对小学生健康成长的要求及关怀，对学生进行科学的世界观、人生观、价值观教育，引导学生坚信爱国爱党信念、树立正确远大的理想、培养积极向上的人格。网络环境下的思想品德教育的开放性与传统思想品德教育的稳固特征正好互补，二者经过教育者科学的融合，更加有利于教育事业的开展和教育成果的展现。

（二）提高教师媒体素养

教师的信息素养问题对网络环境下的思想品德教育尤为重要。所谓信息素养，简单地说，就是熟练运用计算机获取、传递和处理信息的能力和素质。所以具有一定信息素养的教师队伍，对思想品德教育的好坏起着决定性的作用。具有较高的政治理论水平、熟悉学校教学的规律、掌握网络信息技术的教育工作团队，能够推进学校思想品德教育的进程，也可以为学校网络化教学提供保障。

面对网络时代的要求，教师必须尽快适应网络发展的速度和变化，尽快掌握相应网络技术、信息技术，清楚地认识到网络教育的不足和局限性，能够灵活地将网络技术应用于教学中，充分发挥网络技术的特点和优势，使其更好地为思想品德教育服务。

（三）培养学生防御意识

小学生在接触网络以前，对网络的世界并没有一个全方位的、系统的概念，一旦接触了网络后，又会很快地被网络上丰富多彩的信息多吸引，对网络上潜藏着的危险和不良信息没有清楚的认识和危机感，所以很容易误入歧途、沉迷其中不能自控。如果家长只是采取禁止的办法，来控制小学生接触网络的概率，而不是对他们进行网络危害意识的灌输和劝解，那么得到的结果往往事倍功半，还会引起他们的逆反，甚至还会加深他们对网络自由空间的依恋程度。

因此，在学校期间，学校应该尽量安排网络教育课程，让专门的教师针对小学生网络安全的利弊进行全面、生动的讲解，使他们在使用网络的初期就有了网络安全意识，知道如何科学利用网络资源，懂的所谓"上网"并不仅仅是听音乐、玩游戏。同时，对他们介绍专属于小学生的网站，如何索引信息，引领他们参与网站上的娱乐活动，培养情趣倾向，从而引导他们正确使用互联网。

虽然小学生会意识到网络上不良信息的存在，也知道很多信息会对他们的成长造成坏的影响，但是由于网络空间的自由和宽泛，开放性、虚拟性的不可控，小学生接触的信息难以准确把握和控制，这些信息对他们产生的影响是无法预计的。若要从根本上抵御这些不良信息的侵害，就必须加强小学生自身的网络道德教育。

在内容上，要涵盖对互联网科学正确的认识、网络信息对小学生所能产生的影响、对待消极信息和不良网站时的态度和做法等。同时，也要加强培养小学生的责任意识、安全意识和生命意识，尽早地树立他们的公德精神、人文精神和自我保护意识。

在形式上，具备多样性和创意性。小学生之所以喜欢网络世界，就是因为网络的内容不断变换、不断更新，丰富的内容，多彩的画面，炫动的效果，有趣的形式，网络道德教育也应该借鉴这些优点，运用动画、漫画、流行音乐等形式将信息传达给学生们，形成小学生与网络教育的良性互动，改变枯燥、晦涩、单一的教育形式，从而达到理想的教育效果。[①]

三、家庭

1. 随着居民生活水平的提高，目前越来越多的家庭拥有了电脑，且可以上网，家庭成为孩子接触电脑的主要渠道之一。因此，家长在加强孩子网络文明的教育中有着重要的责任。严令禁止中小学生上网会加重他们的逆反心理，况且上网的途径多种多样，不可能禁住。单纯的限定上网时间或简单批评，也不可能起到很好的作用。

首先，家长要严于律己，坚决不进行违反道德规范和违反法律的网上活动，以身作则。父母应当正确处理好网络时代的代际关系，多花时间与孩子交流，多带孩子接触社会、适应社会，为子女提供一些有益的网址和信息，向孩子推荐健康的网站，和他们一起上网浏览、聊天、做网页等，以避免孩子沉溺于网络的虚拟世界。另外，家长应该积极配合有关部门和学校做好网上把关工作，运用一些封锁方法阻止自己的孩子进入成人聊天室或访问对性较放任的网址。

2. 转变家庭教育观念，提高家长素质，为学生健康成长筑造温馨的摇篮。

---

① 卢玮 . 网络环境下小学思想品德教育存在的问题及对策探析 ［D］. 长春：吉林大学，2014.

家长应该树立以创新精神为价值取向的人才观、教育观和质量观，把创新精神和创新能力的培养放到关系国家和民族命运的高度来认识，按时代要求、标准去全面培养我们的后一代。不少家长十分注重孩子的智力开发，却忽视了孩子的德育和体育以及个性等非智力因素培养。因此，家长在开发孩子智力的同时，必须十分重视孩子的品德、心理素质的培养，让孩子具有良好的道德情操、正确的人生观及学习兴趣、探索创新精神、劳动习惯和实践动手能力，学会做人，学会求知，学会生活，学会健体，学会审美，引导他们在德智体美劳诸方面全面发展。目前，不少家长认为"教育是学校老师的事"。家庭教育的方式仍处于原始的"潜移默化"。

信息时代的到来，网络对中小学生的思想品德的形成将会产生越来越重要的影响，网络是一把双刃剑，关键在于我们如何利用它。对于它可能给中小学生带来的消极影响，政府、学校、家庭以及全社会都应积极采取对策，为中小学生创造一个健康、安全的网络环境。

第五章　网络背景下中小学安全教育

中小学校安全教育是一项系统工程，需要全社会多方面力量的参与。本章主要从中小学安全教育概述、小学安全教育管理存在的问题及影响因素分析、小学生安全教育网络课程的设计、中小学社会安全教育及多媒体教学策略、网络时代中小学校园危机管理面临的新问题及解决对策这几个方面来分析和研究网络背景下中小学安全教育。

第一节　中小学安全教育概述

一、安全教育的定义

安全教育现在已经成为一门专门的课程，可早期只是以师承传授出现。目前，安全教育已经作为一种专业知识运用在各个领域，涉及每一个个体，但由于人类习性的不断变化等原因，安全教育应作为一门必修课来进行，具有长期性。[①]

义务教育阶段的在校中小学生，即本研究要涉及的对象，是属于教育领域的，而且是有计划、也有组织地进行培养其法制观念、安全思想意识，特别是自我保护与自我防御能力、面对灾害及突发事件的应变能力、健康心理状态等一系列的社会实践活动。安全教育的前提是所有的教育活动，是密切相关的人类活动，是为社会的和谐发展提供的重要保障。[②]

安全教育在本研究的概念被界定为：学校、家庭、社会为增强青少年安全意识、培养青少年面对灾难及突发事件的应急能力、提高青少年自我保护与自

---

① 曹建忠. 学校安全教育的哲学思考［J］. 教育科研论坛，2008（03）.
② 张思. 大学生安全教育问题分析［D］. 长春：吉林大学出版社，2012.

我防御能力而进行的各种教育活动。

二、安全教育的主要内容

安全教育内容涉及范围广，如交通、网络、自然灾害、疾病等，没有统一标准，需要社会各方积极努力，互相结合，本研究将其内容划分为校内安全教育和校外安全教育，从安全教育内容发生地不同、侧重点不同、教育者不同出发将其归类。

（一）校内安全教育

一是在自身的知识素养上。安全教育者是安全知识的传播者，因此自身应具备正确全面的安全知识与技能，才能更好地传道授业解惑。[①]

二是在思想上。增强校内成员安全教育重要性的思想认知，从思想上、理论上认识到开展好安全教育工作的重大意义，使每位中小学生认识到生命的可贵。

三是在理论知识上。包括学习法律法规、遵守相应的规章制度、正确使用体育实验器材的方法、掌握校外安全理论知识等。

四是在安全技能上。包括校内突发事件的应急能力、止血等自我救护能力、拒绝和陌生人出校园等自御能力、学习压力的自我排解能力等。

（二）校外安全教育

一是家庭安全教育。孩子的第一任教师就是家长，孩子们不仅接受来自父母的情感教育熏陶，也是要被提醒安全隐患时刻存在。从孩子出生便伴随着注意用电、防火防盗、讲究卫生等方面的教育，科技迅猛发展的今天，各种生活用品的更新换代、各类盗窃诈骗技能的层出不穷等因素需要父母不断更新安全教育知识，并引导子女机智勇敢地处理各类异常状况，以确保他们的人身安全及心理健康。

二是社会安全教育。各方积极协助安全教育工作的进行，从交通法则的合理制定到乘坐公共交通工具的注意事项、从游泳安全到户外集体活动安全等各方的保障措施，从中央财政投入到地方财政落实，从安全教育宣传到各部门实践学习，从执行到监督检查，社会各方对中小学安全教育、保障学生健康成长起着关键性的作用。

校内安全教育与校外安全教育并没有清晰的划分界限，安全教育在很多方

---

① 石连海. 中小学安全教育教师读本［M］. 北京：中国轻工业出版社，2007：68.

面需要都杂糅在一起，需要积极树立"安全第一"意识，大家积极努力，时刻关注，让中小学生顺利成长。

三、中小学安全教育的特点

（一）长期且艰巨

中小学生正处于不断的成长过程中，其智力、性格、情感、意志等因素的形成需要很长的时间才能基本形成雏形，但在青少年逐渐成长的过程中，出于本能的模仿力，外界纷繁扰杂的社会环境会时刻影响着青少年对事物的判断，青少年对事物的认知判断力除与智力相关外，还与外界实践有关，这些因素都与安全教育密不可分，可都需要长期的训练与积累。[1] 除学生自身因素外，由于生产条件的不断变化、科技的迅速发展，各种生活用品的更新换代、各类盗窃诈骗技能的层出不穷等因素决定了安全教育是一个长期艰巨的过程。另外，由于传统教育注重文化知识的积累，加之国内严峻的考试形式与巨大的竞争压力，学校普遍以文化课考试成绩为主，德、体、美、劳为辅的考评标准，驱使教育者与学生片面追求升学率，在安全教育方面透露出的浮躁现象进而增加了安全教育的艰巨性。安全事故无终结，安全教育法制体系也必须不断完善，与时俱进，立法工作繁重而艰巨。我国正处于深刻的历史变革期，在变革进程中，新情况难免不断出现，要解决当前面临的中小学安全事故问题，既要看眼前，又要建立利于长期发展的新政策，防控安全事故发生，需不断探索，是一个长期的过程，随着伴随而来的新兴事物，安全立法难度逐渐增大，是一项艰巨的任务。

（二）涉及广泛且实践性强

中小学生安全教育涉及很多方面，无论从学校管理者、教育者、家长、社会各部门各组织以及中小学生本身，首要考虑的就是安全，因为无论何时，每一个人身上都可能发生安全事故，每一个人都有机会将安全教育知识传递给中小学生，因此，我们需要学习安全知识，不断充实自己，清晰地认识到中小学安全教育人人有责。此外，内容上安全教育包括生命教育，心理疾病防治教育，卫生教育，地震灾害预防教育，消防教育等都在中小学安全教育涉及范围之列，因此，我们在学习与生活中的每个细节，一定要把安全教育的元素融入进来，让中小学生不知不觉接受。比如在过马路时，要提醒中小学生遵守交通

---

[1]　叶一舵. 现代心理健康教育研究［M］. 北京：开明出版社，2004：100.

安全，红灯停，绿灯行，要左右观察，不能追逐猛跑；在饮食中，提醒中小学生要注意食品生产日期，多吃绿色健康食品，少摄入高脂肪高油量的食物。

（三）鲜明的时效性

在中小学，把握好安全教育的机会是收获安全教育效果的重要环节。安全教育选择在新生入学季，学生正处在对周边事物充满好奇，满怀兴奋的时期，接受新事物的意愿比较强烈，需迅速强调校内安全，比如不在教室内打闹嬉戏，尤其在教室地面湿滑的情况下走路轻缓，避免滑倒受伤；[①] 上课时，应专心听讲，不开小差不吃零食，避免因上课偷吃零食造成学生窒息的事件再次发生；课间活动不宜太剧烈，尽量有助于缓解眼部疲劳等。安全教育选择在时令变换的时候，春季万物复苏，细菌滋生，学校应提醒广大师生养成良好的卫生习惯，预防传染病传播；夏季应注意防灾防溺水，夏季天气炎热，雨水增多，一些学生为了解热，盲目下河游泳造成溺水身亡；秋冬季提醒学生注意御寒保暖，做好地震、冰冻等自然灾害应急预案，减少灾害期间生命伤亡人数。安全教育选择在逢年过节的时候，提醒学生注意安全出行，出门锁好门窗，防范偷盗事件发生；在外聚会应饮食有度且注意卫生，避免积食造成的消化不良；注意鞭炮和灯笼带来的风险，避开伤人的事件。[②] 安全教育选择在重大政策法规出台时，重大新闻包括新法规的实行都会成为人街头巷尾谈论的热点，学生们也耳濡目染，加入分析新法规的行列。安全教育选择在学校安全检查发现问题的时候，对于身边熟悉的人或景，学生仿佛身临其境，接受意愿高于平时；学校以此为戒，整顿安全作风，为安全教育工作进一步开展提供保障。

第二节　中小学安全教育管理存在的问题及影响因素分析

一、中小学安全教育管理存在的问题

（一）缺乏专职的安全教育教师

近年来频发的校园安全事故为我们的安全教育工作敲响了警钟，相对于成

---

① 罗忠雪. 筑起生命的安全长城——小学生安全教育之我见 [J]. 贵州教育, 2009 (08).
② 易丹. 安全教育进课堂刻不容缓 [J]. 教育育人教师新概念, 2008 (08).

年人来说，学生属于社会群体中的弱势群体。目前我国的中小学都是以应试教育为主，为了升学率，学校看中学生的学习成绩，为了绩效奖金，教师期待的仍然是学生的学习成绩，而安全教育管理被边缘化。班主任或任课教师是农村小学安全教育工作的主要承担者，他们不仅承担着一定的教学任务，还肩负教育管理学生的责任，还有一些繁杂事务，在繁重的教学工作之余还要对学生进行安全教育，同时受专业限制，他们大都没有接受过比较系统、全面的安全教育方面的知识与技能培训，所以安全教育这门课怎么上大家都不清楚，对学生的安全教育自然大打折扣。虽然一些学校开始重视安全教育管理，却流于形式，停留于口号，不少学校把安全教育管理的职责落在教务处等学生管理部门，指定班主任负责学生的安全教育与管理工作，班主任工作琐碎而繁杂，很难将安全教育工作真正落到实处。目前我国的教师队伍构建过程中并没有系统的安全教育培训，也没有专职的安全教育教师，大多数教师为了完成学校的安全教育任务，口头上向学生传达安全知识，安全意识却没有树立在学生心中。

（二）安全教育形式、方法单一

在实际工作中，我国很多中小学没有专门的安全知识教程和明确的安全教育目标。许多学校仍以考试为中心，在安全教育纪念日或者重大事故发生时才通过图表或者宣传画册向学生传递安全信息，很多时候为了应付上级部门的检查，走过场、搞形式主义。现在中小学常见的安全教育方式是教师的讲解与说教，没有考虑受教育者的心理发展特点，将学生困在教室这一方小天地之间，结果枯燥乏味、效果不佳。安全教育是一个长期而连续不断的过程，而学生好奇心强，求知欲旺盛，自制能力较弱，有时候很容易受冒险心或从众心理的支配做出危险举动，成年人难以照应，这就需要教师在进行安全教育时有效结合"言传"和"身教"，以实际行动指导学生的安全教育。

（三）缺乏相应的安全教育教材

安全教育资源是学校开展安全教育的基础和保障，校园安全教育的实施离不开安全教育教材。现实却是目前我国没有有关安全教育的统一教材，也没有把安全教育作为学校教育的重要目标，安全教育却涉及学生成长的各个环节和领域，安全教育随机编排在中小学各科的教学任务中，有些科目甚至没有安全教育的相关内容。缺少适合的安全教育教材，加上缺乏较为全面的安全教育知识，教师在对学生进行安全教育时就有了较大的随意性，加之繁重的教学任务和教学评比、考核，基本没有教师会对安全教育进行备课，很容易想到什么就讲什么，重复自己或学生已经熟悉的内容，对于实用性强的操作技能知之甚少或并无涉猎，使安全教育内容和形式落于俗套，单调枯燥。

二、中小学安全教育管理存在的问题的主要影响因素

（一）学校没有转变传统的办学理念

安全无小事，未成年人的生命安全更不是小事。未成年人是社会建设和民族复兴的中坚力量，作为校园安全教育管理工作者，更加需要将安全教育管理工作落实好，帮助未成年人树立正确的价值观，增强安全防护意识和自我保护能力。[①] 思想意识是行动的先导，有什么样的理念，就会有什么样的态度和行动。当前我国的初等教育以考试为中心，在分数这个"大指挥棒"的"指导"下，各级学校想的是狠抓学习成绩，提高升学率，不少学校的安全管理制度形同虚设，学校各层级领导人安全教育管理意识淡薄，缺乏责任心，相关校园安全教育管理工作并未落到实处，为了应付上级领导的检查而开展临时的、随意性大的安全疏散演习。在这样的大环境中，教师能做的也只是一味关注学生的学习成绩，一切向分数看齐，演变成"分分分，学生的命根；考考考，教师的法宝"这样一种畸形的教学观念，这也使教师的压力不断增大，不但影响到了教师的情绪，还严重影响了教学。

（二）安全教育课程设置不合理

学校是对学生进行教育的主要场所，教育又是由教师通过日常教学活动的开展而进行的。目前我国的中小学都是以应试教育为主，学校和家长关心的都是孩子的学习成绩，教育部门也要求对学生进行安全教育，大多流于形式。日常生活中的安全教育无处不在，如果能重视这个特性并加以开发，可以增强学生的学习兴趣和课程知识的实用性。

（三）缺乏切实可行的安全教育教材

做好学校的安全保护工作，是学校素质教育的重要内容，是做好基础教育工作的前提。安全教育管理的开展依托学校日常教育管理，安全教育进入日常教学，则必须有相应的配套教材。从目前工作现状来看，安全教育没教材，知识不系统，教育方式机械呆板。学校用传统的方式对学生进行安全教育，重复内容多，教师照本宣科，学生也没有学习兴趣，甚至可能产生厌烦心理。有的

---

① 吴青芳. 农村小学安全教育管理研究——以四川省南充市为例［D］. 南充：西华师范大学，2016.

地方或学校自行组织编写学校安全教育教材，也只能适用于本地区或本校，城镇学校安全教育教材的内容与城镇孩子的生活密切相关，也不适用于农村地区的学校。一些安全教育教材也缺乏针对性，不同学龄阶段孩子的学习需求不一样，教材不可能是小学、中学甚至到大学都能使用。

第三节　中小学生安全教育网络课程的设计

一、中小学生安全教育网络课程教学内容的设计

教学内容是指学校传授给学生的知识、技能、技巧、思想、观点、信念、言行、行为、习惯的总和。[①] 教学内容可以分为课程层面上的教学内容和教学层面上的教学内容。[②] 本网络课程的教学内容属于教学层面上的教学内容，是教师和学生作用的对象，是经过课程设置和编制具体化的知识、技能、思想观念和行为习惯，是学生活动所作用的全部对象。[③] 中小学生安全教育网络课程教学内容的设计主要涉及教学内容的组织和呈现。

（一）网络课程教学内容的组织

根据教学内容的来源和学习对象，中小学生安全教育网络课程的教学内容划分为两部分，分别为"安全课堂"和"安全资源"。"安全课堂"中的教学内容主要以教科书为主要来源，内容以小学生应该掌握的基本安全知识为主；"安全资源"中的教学内容主要以报纸、书籍、电视、网络等媒体为主要来源，作为"安全课堂"的补充，拓展安全知识的范围。"安全资源"中会不断地进行更新，将生活中出现的安全问题及其解决办法呈现给学习者，让学习者通过学习相关知识对生活中出现的安全隐患进行预防。

在"安全课堂"中，教学内容的组织主要是按学段进行知识重组、再现。在不同的年级之间，其教学内容的组织是纵向的，符合学生的心理顺序，呈螺旋式出现。教学内容的纵向呈现是根据《中小学公共安全指导纲要》将教学内容按其要求进行组织。同时，教学内容根据不同阶段学生的特点进行选取，

---

① 顾明远.教育大辞典［Z］.上海：上海教育出版社，1990：257—258.
② 皇甫全.课程与教学论［M］.北京：高等教育出版社，2002：390.
③ 谢幼如，尹睿.网络教学设计与评价［M］.北京：北京师范大学出版社，2010：155—156.

符合学生认知、情感需求。除此之外，由于安全教育知识自身的特殊性，相同的知识会反复出现，但是其深度和广度会有所加深。学校主要是根据安全教育内在联系来组织教学内容，其教学内容前后也不会出现重复，将各知识点连接起来将是倒置的树状结构。

(二) 网络课程教学内容的呈现

教学内容的呈现采用了多种表现形式，如文本、图片、动画、声音、视频等。其中文字是网络教学内容表现的基本形式。但是，网络课程的制作并不是讲已有的教学内容搬到网上，而是以现有的教材为蓝本，设计符合网络教学的教学内容。图片、动画、视频等媒体形式与文本相比，可以将抽象的事物具体化，复杂的过程简单化。所以，在网络教学内容呈现的过程中，应该充分利用多媒体的优势，将文本和多媒体进行有机结合。在本网络课程文本材料和多媒体设计过程中，尝试做到以下几点：

首先，采取对话形式，增强教学内容的交互性。与传统教学相比，网络教学最大的不足是缺乏交流。在网络教学过程中使用的大部分文本材料属于单向文本，学习者是根据预设的途径获得知识的。在本网络课程设计的过程中，笔者尝试使用对话式的文本材料。比如，文本开始部分会用"同学们，你们好!"来拉近和学习者的距离；在问题提出的时候也用一种商讨的语气，并且会使用一些鼓励性语句。

其次，借用多媒体，创设情境，提高学生学习兴趣。对于中小学生来讲，与文本材料相比，多媒体教学材料更能引起学生兴趣，调动学生学习的积极性。所以，在教学内容呈现的过程中，适当地采用图片、动画及视频。通过图片，提出问题，引发学生积极思考，然后导入教学内容。比如，对于地震逃生，可以通过文字进行描述，同样可以通过动画或视频进行展示，二者相比，通过动画或视频可以使教学内容变得直观、有趣，同时便于记忆。

最后，文本和多媒体有机结合，共同呈现教学内容。多媒体可以使教学内容变得生动、有趣、直观。但是，文字作为教学内容的呈现方式同样具有自身优势，比如简洁、概括性强等。教学内容的呈现不能一味地运用多媒体或是文字，应该将其进行有机的结合，在教学内容吸引学习者的同时又做到简洁、明了。

二、中小学生安全教育网络课程教学策略的设计

教学策略是为完成特定的教学目标而采取的教学顺序、教学活动程序、教学方法、教学组织形式和教学媒体等因素的总体考虑。① 由教师教的策略和学生学的策略共同组成，并且具有一定的动态性。运用网络课程进行的网络教学与传统教学在教学形式上存在一定的差异，所以传统教学过程中应用的教学策略不能完全适用于网络教学，二者在教学策略的选择与设计上存在一定的差异。网络课程为学生提供了丰富的学习资源，其可以利用网络课程中提供的各种资源进行自主学习或协作学习。但是，由于网络技术的应用，教学环境发生了巨大的变化，所以教学方法、教学策略也应该做出相应的调整。网络课程主要从教学情境创设、教学内容呈现、学习活动组织、学习效果评价四个方面进行设计。

（一）利用多媒体技术为学生创设教学情境

多媒体技术运用不同的形式为学习者呈现相关的教学内容，其中包括文字、图片、动画、视频等。简洁的文字、生动的故事、精美的图片、有趣的动画、声情并茂的视频，能够为学生创设更加生动、有趣、引人入胜的教学情境。通过不同媒体形式呈现教学内容，更能提高学生的学习兴趣，激发学生的学习动机，唤起学生的情感。从而加强了学生的注意力，延长学生的学习时间；调动了中小学生的想象力，拓展了学生的思维；增强了学生的记忆力。在中小学生安全教育网络课程设计过程中，为教师和学生提供了大量图片、动画、视频等学习资源，为学生创设了生动、有趣的教学情境，激发了学生的学习兴趣和学习动机，提高了学生学习的主动性。

（二）利用多媒体技术为学生呈现教学内容

随着中小学生的成长发育，低年级与高年级的学生相比，在智力因素和非智力因素两方面存在一定的差异。比如在思维方面，高年级学生的抽象思维有了一定的发展；在情感方面，变得比较敏感，具有较强的自尊心；对周围的事物或事情具有较独立的看法。同时，对于不同学段的学生其教学目标也发生了相应的变化，这种变化包括认知、技能和情感三方面。与低年级的学生相比，对高年级学生各方面的要求更多、更高、更细。

在教学内容选取、组织和呈现的过程中，应该根据不同的学习者运用不同的多媒体技术进行制作。针对低年级的学生，内容的呈现多采用图片和动画。与文字相比，图片更加直观、生动，学生可以根据图片呈现的内容对教学内容进行推测，同时形象的图片有利于中小学生进行记忆。对于动画来讲，其具有

---

① 乌美娜. 教学设计 ［M］. 北京：高等教育出版社，1994：156.

动态性，其画面的变化和存在的音像效果更能引起中小学生的注意，提高中小学生的学习兴趣；同时，与视频相比，动画包含的信息少，不容转移学生的注意力，在保证趣味性的同时又保证了教学信息的有效性。对于高年级的学生来讲，教学内容的呈现多采用文字、图片、视频。与其他媒体呈现方式相比，文字具有抽象性，但同时具有概括性，如动画中五分钟要呈现的教学内容有时可以用文字概括成几点呈现给学生，在传递了主要知识的同时减少了学生的学习时间。同时，部分教学内容难于用图片、动画或视频表现，只能通过文字进行描述，如相关交通处罚条例等。

在中小学生安全教育网络课程设计的过程中，其教学内容的呈现主要是根据学习对象和内容性质选择合适的媒体呈现方式。在保证知识完整的前提下，增强教学内容的趣味性和有效性。

（三）利用网络技术为学生组织学习活动

与传统教学相比，网络教学最大的不足是缺少人与人之间的交流。学习利用网络课程开展的学习活动大部分属于自主学习。作为一种网络教学资源，本网络课程既可以用于教师的课堂教学，又支持学生课下的自主学习。在课堂教学过程中，教师和学生、学生和学生之间可以展开面对面的交流，教师也可以利用网络课程提供的教学资源开展学习活动。在学生自主学习过程中，可以利用多媒体和网络技术为学生提供导学活动、辅导活动和课外小组活动。（1）利用多媒体网络技术为学习者组织形式多样的导学活动和辅导活动。（2）为学生提供课外小组活动。①

（四）利用信息技术为学生评价学习效果

在网络课程设计的过程中，在"安全课堂"为学生提供"练一练"环节，主要测试学生安全知识的掌握情况，在回顾知识的同时也巩固了所学的知识。同时，学生可以通过"安全测试"检测自己对安全知识的掌握情况，学生的测试成绩将被记录在"安全档案"中，学生可以通过"我的成绩"查询自己进行的测试、测试成绩以及答错的试题。除此之外，学生还可以通过"安全档案"中"我的作品"和"我的作业"上传自己完成的作品和作业。在信息技术和网络技术环境下，教师可以指导学生向其他学生展示自己的作品，让同学们给予评价，并对大家的评价进行分析。

----

① 马桂霞. 小学生安全教育网络课程的设计与开发［D］. 保定：河北大学，2013.

三、中小学生安全教育网络课程教学环境的设计

（一）界面设计

中小学生安全教育网络课程主要以网页的形式呈现教学内容。学习者运用网络课程进行自主学习的过程中，其信息主要是通过视觉刺激获得的。因此，界面设计的合理与否将毫无疑问地影响着学习者。界面设计主要包括以下内容：页面布局、窗口设计、菜单设计、按钮设计、反应区设计等。界面设计过程中应该做到页面布局合理、设计元素风格一致、不放置冗余信息，从而保证学习者较快地适应网络课程。网络课程界面的设计遵从了多媒体学习认知理论的设计原则。

1. 页面布局设计

页面布局一定做到清晰、合理，教学内容、信息提示、窗口显示、按钮摆放要合理。人眼定位的研究表明：人们看到信息显示时，第一眼往往看屏幕左上部中间的位置，并迅速向顺时针方向移动，在这个过程之后，人眼视觉受对称均衡、标题重心、图像及文字的影响。[①] 人的感觉机制总是寻求有序、有意的信息，因此，页面格局应该做到均衡、协调且具有整体性。由于人眼特点和感觉机制的影响，所有页面中出现的元素有一定的排放规律。标题一般位于屏幕上中部；教学内容安排在突出的位置，即屏幕的左中部，而且所占的空间比例要大；对于按钮等的呈现，应该按照使用顺序、频率、功能和重要性进行排放，最常用的按钮一般放在右下角，方便操作；标志性符号一般放在右上角，因为这个位置使用频率较低。

中小学生安全教育网络课程的页面布局格调一致，总体分为上、中、下三部分。在操作过程中，其上、下两部分不变，变化的只是中间部分。而且为了使学习者在学习过程中能集中全部精力，减少滚动屏幕浪费的时间，课程将以单屏呈现教学内容，教学内容主要呈现在屏幕的中间位置，其设置依循了多媒体学习认知理论的冗余原则。

2. 页面元素设计

文字、图片、多媒体是教学内容呈现的载体，而色彩是美化页面不可或缺的部分。所以，色彩、文字、图片、多媒体的选择和搭配决定了页面的美感。考虑到以中小学生为主要学习对象，所以本课程以清新、鲜亮、温暖的颜色为

---

① 汪业宏. 面向国际大企业员工的初级汉语词汇网络课程的设计与实现 [D]. 北京：北京语言大学，2007.

主。页面的底色以淡蓝色为主，蓝色属于冷色调，容易让活泼好动的中小学生安静下来，同时也能衬托文字和图片；字体的颜色一般为黑色，属于常规色，不容易引起学生视觉疲劳，特殊的地方为红色，比较醒目，容易引起学习者的注意。

文字作为传播信息的主要载体，其设计和呈现应该做到清新悦目、易认易懂，不应该为了设计而设计。因此，在文字的设计过程中应做到以下几点：首先，字体不宜过多。必要时可以使用超过三种以上的字体，字体太多则显得杂乱，没有主题，而且分散学习者的注意力。其次，字号要合适。字号过大，会浪费版面空间，字号过小，又不能吸引学习者的注意力，还容易使眼睛疲劳。第三，不同级别学习内容的文字在大小上要有所区别。原则上标题的字体要比正文的大，颜色也应有所区别。使学习者对知识内容的结构和层次一目了然。最后，特殊的字体要转换成图片。图片在网络课程中具有非常重要的作用，视觉冲击力比等同面积的文字要强，能够吸引学生的注意力，更好地传达教学内容。在网络课程设计过程中，结合学生的学习特点，应用了较多的图片，以求激发学生的学习兴趣和学习积极性。同时，在网络中动画、声音、视频等多媒体元素给予网络课程更加丰富的教学内容，在使用过程中给学习者留下了深刻的印象。但是，在使用的过程中，应该避免多媒体对学习者注意力的分散，不能对学习者的学习产生负面影响。

3. 页面跳转设计

页面间的跳转如同电视画面间的跳转一样，应该做到自然、流畅，同时具有艺术感和美感。具有良好衔接的页面跳转，能够帮助学习者理清学习内容、知识结构和层次。页面跳转方式分为切换、滑变和出现新界面三种。其中，切换是在当前页面进行转换；滑变是页面采取框架结构，一般是新界面从右边滑向左边；三是出现新界面。由于安全教育涉及的知识范围广、知识类型多，但是各知识点涉及的内容又相对独立。所以，在教学内容呈现的过程中采用的是切换，学习者可以根据页面中的导航明确自己的位置，同时学习者不用担心出现的页面是否存在上下层的关系，有利于学习者关注当前学习的教学内容。

(二) 学习资源设计

学习资源有广义和狭义之分。广义的学习资源是指一切可以为教学目的服务的人、物；狭义的学习资源是指网络课程中独立于主体教学内容，学习者在学习过程中可以利用的一切显现的或隐藏的资源。① 根据学习资源中知识的传

---

① 武法提．网络课程设计与开发 [M]．北京：高等教育出版社，2011：64．

递顺序和组织方式，其可以分为结构化学习资源和非结构化学习资源，其中结构化学习资源包括补充学习材料、练习和测试题等；非结构化资源包括网络教师、学习伙伴等。

在设计过程中，首先应该强调学习资源形式的多样性，知识内容可以通过图片、音频、视频呈现，在教学过程中，教师可以利用现有的教学资源为学生创设有意义的、生动的教学环境；同时，学习者可以利用相关的学习资源，自主地进行学习。其次应该强调学习资源的时效性，能够做到知识实时更新是网络教学的优势之一。对于安全教育来讲，其知识内容具有较强的动态性，应该为学习者提供最新的教学内容。最后应该强调教学资源的交互性，在网络课程学习的过程中，利用已有的学习资源实现人机交互和人与人之间的交互。

1. 结构化学习资源

（1）补充学习材料

补充学习材料是对教学内容的拓展和丰富，可以帮助学生进一步了解教学内容。本网络课程的补充学习材料主要包括背景材料和讲解性材料两种。

背景材料就是与教学内容相关的背景知识，是对教学内容广度上的扩展。本网络课程中背景材料的呈现方式主要有文字、图片、动画和视频，同时也可以是多种媒体的组合。比如，对于"地震逃生"教学内容来讲，为了让学生了解地震的危害，可以为学生提供"唐山大地震""汉川地震"发生时的相关资料，让学生切实体会到地震的危害，从而引起学生对地震逃生知识的重视。

讲解性材料就是对教学内容出现的一些知识点进行更深一步地解释说明，是对教学内容深度上的扩展。比如，以"地震逃生"教学内容为例进行讲解性材料的设计，中小学生可能会对"地震发生时，藏在桌子等物体下面或墙角处"产生疑问，此时应该对其进行解释，本网络课程中用动画或视频进行演示。

（2）练习或测试题

练习或测试题是为学习者提供与教学内容相关的练习机会，主要是为了巩固学习过的内容，并提供答案或测评分数让学生判断自己的学习效果。练习和测试题的形式很多，既可以是简单的文本测试，也可以是较为真实的模拟现实，同样也可以是趣味十足的游戏。本网络课程的练习和测试形式主要有两部分，一部分包括在安全课堂中，如为1~2年级学习者提供的"练一练"，其目的是让学生巩固已经学过的知识。另一部分测试题存在于"安全测试"中，学生登录课程后，可以点击进入测试，测试题目综合性强，测试题随机进行组卷。

2. 非结构化学习资源

（1）学习伙伴

在网络课程中，学习伙伴主要指学生作为学习群体的一员，通过网络参加各种学习活动，与他人针对某一问题进行讨论，发表意见、看法，与他人分享资源等。本网络课程中，教师可以将班里的学生进行分组，学生根据教学任务进行角色分配或工作安排，在任务完成的过程中，学生之间可以相互监督小组其他成员的工作进度，分享各自的信息资源，讨论问题，发表意见。同时，学生也可以自主加入问题讨论小组，针对相关问题展开讨论，与其他人交流思想，在学会与人合作的同时也提高了自己的思维能力和学习能力。

（2）父母

本网络课程中父母是一种非结构化学习资源。对于低年级的学生来讲，独自运用网络课程进行学习是很难实现的，这就要求学生同家长共同学习相关的安全知识，完成课程提供的相关活动。例如，为家长和孩子提供亲子活动，家长可以选择空闲的时间与孩子共同完成相关活动，并学习相关知识。在学习知识过程中，增加了学生与家长的交流，从而让家长更加了解自己的孩子，与孩子共同学习，共同进步。

（三）学习评价设计

学生是网络课程学习过程中的主体，网络课程为学生提供了学习环境、学习资源和方法，使学生获得了知识与技能，同时培养了学生的认知能力，提升了自身素质。其评价不仅注重对学生学习结果的评价，更加注重对学生学习过程的评价。网络课程对学生的评价内容主要包括学习态度评价、资源利用情况评价、知识掌握情况评价和活动参与性评价。

学习态度是习得的、影响个人对学习做出行为选择的、有组织的内部准备状态或反映的倾向性。[1] 学生的学习态度在很大的情况下影响学生的学习行为，积极的学习态度在很大程度上促进了学生的学习行为。相反，消极的学习态度在很大程度上妨碍了学生的学习行为。态度是内在的、模糊的、概念化的东西，不容易进行评价，但是态度反映出的行为表现却是显而易见的。所以，对学生学习态度的评价主要是对学习过程中的细节进行评价。这样便于学生更清晰地认识自己，利于家长能更准确地进行督促，方便教师更有效地实施帮助，从而保证学生更好地成长。对学生的评价应该是多角度的，包括学生对自己的评价、同学之间的评价、教师对学生的评价和家长对学生的评价；同时，

---

① 谢幼如，尹睿. 网络教学设计与评价［M］. 北京：北京师范大学出版社，2010：69.

对学生进行评价的内容也应该是多方面的，包括学生自主学习时的状态，在课堂学习中的表现，考试成绩的优劣和作业完成的质量等。

网络课程为学生提供了丰富的自主学习资源，对知识的掌握情况取决于学习者对资源的利用情况。对于资源利用情况的评价主要包括学生对网络课程及学习资源的利用情况。比如，网络课程提供的"安全档案"可以记录学生学习过的课程、参加的活动、进行的测试及提交的作业等情况，同时记录学生登录的时间以及学习的时长。通过对相关信息的跟踪与记录分析学习者对学习资源的利用情况。

对学生知识掌握情况的评价主要通过为学习者提供的练习和测试题进行评价。在"安全课堂"中，在学生学习完选定的教学内容后，为其提供随堂练习，用以检测学生的学习效果，其内容主要是针对"安全课堂"教学过程中涉及的相关内容，目的是为了巩固学生学习过的内容。同时，在"安全测试"版块中，为学生提供安全知识的测试题。学生登录后进入"安全测试"，点击"进入测试"就可以进行测试。测试成绩将被记录在"安全档案"中。

对学生活动参与性的评价主要是通过学生利用网络课程提供的交流工具进行学习的情况进行评价的。根据学生在聊天室中发言的数量和质量了解学生对知识点和相关问题的认知能力；通过他人评价了解学生在小组活动中参与活动的主动性；通过学生"安全档案"中的相关记录了解学生主动学习的情况。

（四）学习支持的设计

1. 学习导航的设计

导航系统设计在网络课程中学习支持系统设计中占有很重要的地位，它不仅要让学习者在学习过程中明确自己的位置，同时更要让学习者明确自己的学习需要。在中小学安全教育网络课程中，由于学习主体为中小学生，导航的设计要符合中小学生的认知特点。本网络课程中主要包括以下几种导航方式，如图 5-1 所示。

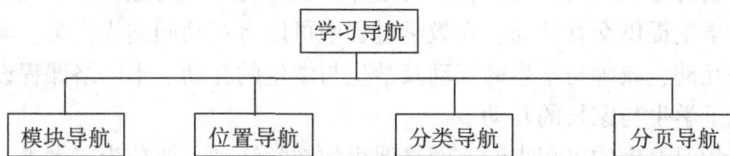

```
                      学习导航
        ┌──────────┬──────────┼──────────┬──────────┐
    模块导航     位置导航            分类导航          分页导航
```

图 5-1　学习导航分类

模块导航是常见的导航方式，这种导航方式可以使学习者任意进入各个功能模块。本网络课程由安全课堂、安全资源、安全活动、安全测试和安全档案五个模块组成。位置导航也可以称作学习路径导航，主要显示学习者当前所处的学习位置，每一条学习路径都存在超链接功能，学习者点击时便可以跳转到其他的学习界面。分类导航主要是针对教学内容进行的，中小学安全教育内容主要分为六大部分，每一部分又包含多个知识点，将其进行分类，使知识内容结构清晰，便于知识查找。分页导航主要用于信息量较大的页面，利用前一页、后一页或数字为学习者提供学习导航，本网络课程运用分页导航主要是因为安全知识的知识点较多，另外"上下页导航"对于学生来讲比较好操作。

2. 学习跟踪和反馈的设计

在网络课程学习过程中，学习者有较大的自主性和随意性，可能会导致学习者不能及时地了解自己的学习进度和学习效果。因此，在网络课程中应该为学习者提供个别化的反馈信息，使其顺利地、高质量地完成网络课程的学习，如图 5-2 所示：

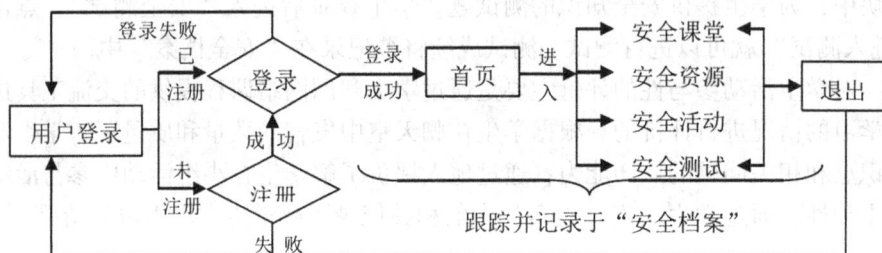

图 5-2　学习跟踪与反馈的设计

四、中小学生安全教育网络课程教学活动的设计

教学活动是网络课程重要的组成部分，是指课程实施时师生之间和学习者相互之间进行的人际答疑、评价或讨论活动。[①] 人与人之间的交互一般建立在学习者自主学习网络课程提供的学习资源基础上。进行远程学习的学习者更喜欢参加小组讨论或互动。所以，在网络课程设计与开发的过程中，应该尽最大的努力为学生提供交互活动。在教学过程中可以将互动归纳为三类：学生与学习材料的互动、教师与学生的互动及学生与学生的互动。本网络课程设计过程中，加入了学生与家长的互动。

按照学习发生的进程来看，网络课程的教学活动主要分为三大类：学习发

---

① 武法提. 网络课程设计与开发 [M]. 北京：高等教育出版社，2011：88.

生前的导学活动，学习进行过程中的辅导活动以及学习结束后的评价活动。①
其中，在导学阶段主要强调教师的导学功能，其主要是指教师对学生的学习活
动、学习过程和学习方法进行指导。相关的教学活动主要包括网上学习指导、
课程导引短片、首次课的见面会和学习风格调查问卷等；辅导活动主要是帮助
学习者有效地展开网络学习，在网络课程中主要是讨论和答疑两类；评价活动
主要是对学习者的学习效果进行测量。中小学生安全教育网络课程教学活动的
设计主要是对辅导活动和评价活动的设计。

（一）辅导活动的设计

在网络课程学习过程中，学习者主要进行的是自主学习，缺少与人交流的
机会。学习过程中遇到问题也无法及时的与他人进行讨论或向教师请教。为了
增加学习者与他人交流的机会，能够及时解决学习过程中遇到的问题和困难。
网络课程为学习者提供了在线讨论和问题答疑两种教学活动，目的是加强学习
者之间的交流。

1. 讨论式教学活动的设计

讨论有利于发散学习者的思维，深入地考虑问题，有利于学生对知识形成
新的见解，同时提高学生语言组织能力和认知能力。在学生安全教育网络课程
"安全课堂"模块中设有讨论式教学活动。学习者可以针对教学内容提出自己
学习过程中遇到的问题，引发其他学习者的讨论。同时，问题也可以由教师或
管理者提出，引发学生对热点问题的讨论和关注。在讨论的过程中，教师或管
理员应该给予一定的干预，对学习者的讨论进行必要的引导，并在讨论结束后
进行一定的总结，保证学习者在讨论过程中有所收获。讨论式教学活动流程图
如图5-3所示。

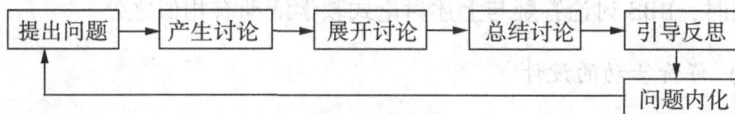

图5-3　讨论式教学活动流程图

在提出问题环节，问题的提出者既可以是学生又可以是教师或者管理者。
同时，提出的问题要有讨论的价值。在问题提出后，教师或管理者应该对问题
进行筛选，保留可以形成讨论的问题。在产生讨论阶段，主要是指其他学习者
对提出问题进行思考，在解决问题的过程中产生认知冲突，形成讨论的需要，

---

① 武法提. 网络课程设计与开发［M］. 北京：高等教育出版社，2011：89.

然后提出自己的观点。在展开讨论和总结讨论阶段，根据问题的性质，既能以小组形式进行，又能以学习者个体进行。学习者个体进行讨论即每个学习者针对问题提出自己的看法，然后教师或管理者针对每个学习者的看法进行总结归纳，将讨论结果归纳出具有代表性的几种，然后进行下面的环节。以小组形式进行讨论即将参加讨论的人员分组，首先进行的是组间讨论，然后分别汇报自己的讨论成果。在引发反思阶段，教师或管理者针对已经形成的讨论结果进行引导性的评价，让学生对问题形成新的见解。在问题内化阶段，学习者将讨论过程中涉及的知识和讨论结果进行内化，并且将其运用到实际生活和学习中。

2. 答疑式教学活动的设计

对于网络教学来讲，答疑解惑是教学活动中不可缺少的环节。通过答疑环节，教师或管理者可以了解学生对知识的掌握情况，同时可以加强师生之间的交流。目前常见的答疑方式主要有异步答疑和同步答疑两种，异步答疑主要包括常见问题答疑系统，邮件答疑，BBS 讨论答疑等；同步答疑主要为答疑。[①]由于同步答疑过程对网络环境要求高，教师负担比较大。所以，网络课程设计的答疑方式主要以异步答疑为主。

常见问题答疑系统中的问题答案主要是针对"安全课堂"涉及的问题。对于安全教育来讲，教学内容大部分属于陈述性知识，其知识点小而多，每节涉及的知识内容少而细，"安全课堂"中的练习题是针对教学内容提出的，因此其参考答案部分包括了常见的问题，学生可以通过常见问题答疑系统查找学习过程中遇到的一般问题。

电子邮件答疑是本网络课程为学习者提供的答疑方式之一。学习者可以通过邮件向教师或管理者发送问题，教师或管理者及时给予回复。同时，教师或管理者可以将学生提出的有价值、讨论性强的问题筛选出来，以供学习者进行讨论。同时，BBS 讨论答疑与上述讨论式教学活动有相似之处。

(二) 评价活动的设计

评价活动同样是网络课程教学过程中不可或缺的部分，其中包括评价的内容和评价的方式。

1. 通过测试题进行的评价活动

学习者完成既定教学内容学习后，应该进行相关测试。通过测试成绩，教师或管理者可以了解学生对知识的掌握情况，同时学生也可以通过测试结果了解自己已经掌握和未掌握知识的情况。

---

① 武法提. 网络课程设计与开发 [M]. 北京：高等教育出版社，2011：98-102.

2. 他人进行评价活动

他人的评价包括教师和其他学习者对学生作品、作业的评价，同时包括对学习者在教学活动中相关表现的评价。通过他人的评价，学习者可以发现自己的不足和他人的长处，从而更好地完善自己。

第四节　中小学社会安全教育及多媒体教学策略

一、中小学社会安全教育分析

（一）中小学社会安全知识教育情况分析

1. 中小学生安全知识掌握不够全面、灵活

目前很多中小学生对火灾的安全知识思考尚且不够深入，不能真正达到合理的运用火灾安全知识去解答此题。这反映出中小学生无法灵活的运用社会科学知识预防火灾，掌握知识死板。

一方面，学校和家长的教育力度不够。我国长久以来应试教育在小学阶段仍有很深的影响。家长对孩子的未来的期待多数还是与学习成绩相关，需要通过应试类知识的学习来达成。社会竞争日益激烈，家长对自身生存状况的和孩子未来发展的焦虑使考试课程的学习牢固地占据着唯一的中心位置。甚至从幼儿园阶段孩子就开始了各种校外辅导班。另一方面，学校对学生的教育也有着应试教育的烙印。安全教育容易被轻视甚至被忽视。在课程设置上和师资配备上也往往是安全教育为应试教育让路。同时，安全教育的形式单一，教育效果较差。建构主义理论强调学习的主动性对学习结果的影响，强调学习者已有知识经验对新知识的建构的影响作用。目前，学校安全教育的主要形式是本校教师的讲授为主，这样的教育形式单一、单调，无法充分激发和调动学生的学习兴趣，学生没有建立起学习的主动性，所以，这不利于知识的建构。

2. 当家长对学生的安全造成威胁时，中小学生缺少维权意识

不少中小学生在面对糟糕的家庭暴力关系时的不会采取相应的应对措施。很多学生认为父母打孩子，天经地义。这表明中小学生法律意识薄弱，不懂得合理的利用法律保护自己的人身安全。家庭暴力关系经过多年的沉积很容易诱发安全事故，具有较大的安全隐患。

在中国传统文化中，"孝"是各种美德的根本。[①] 被作为国学启蒙读本的《弟子规》被很多学校作为国学和德育的内容，甚至很多家长将它作为早教读本。其中很多内容都是过分或者偏执的强调子女对父母的片面的孝道和顺从。例如，由"亲爱我"到"挞无怨"这一段，意思是父母不爱我甚至讨厌我恨我，我也孝顺父母，这才是真正的"贤"。父母有错误时，我要向他们提出来，而且态度要好，如果父母不听，还要再劝，哭着喊着跟着劝，即使被打也不能有怨言。片面或者过分强调子女对父母的孝，这成为束缚人的思想和行为的牢笼和枷锁。在这种中国文化营造的社会环境和社会文化中，当在亲子关系中处于绝对弱势的小学生遭遇到父母的暴力行为时，认为忍受和顺从才是合理的。

其次，学校和教师没有提供相关的教育和援助。学校对学生的教育带有管理的特色，比较多的强调学生对自己的克制、对权威的顺从。学校和教师的教育内容中缺少这方面的法律知识。对学生自己权益的维护，学校教育很不到位，缺少意识的培养，也缺少相关法律知识的传递，还缺少维护自身权益的方法的指导。

（二）中小学社会安全知识获取途径分析

很多中小学生获取安全知识的途径最多是来父母和教师，处于一种被动获取安全知识的状态。社会安全知识获取途径比较单一，学生在获取安全知识方面缺乏主动性。

部分教师受传统的教学观念和应试教育的影响，并不太重视培养学生的学习主动性。当学习时间紧张、学习任务繁重时候，教师更加担心自己教学任务的完成，总是简单地觉得把每个知识点讲得越细越好，学生才能学的更明白。这种教学方式和教学习惯虽然可能一定程度上提高学生的学习成绩，但同时也是把双刃剑，这样导致了许多学生不动脑筋思考的坏习惯，懒于主动地学习而只是被动地听课和接受知识。更有甚者认为在学校学习的主要任务就是应试，没有其他选择，只要考试过关就好。这种教育状况在社会安全教育方面的反映就是社会安全教育被轻视并且学生学习社会安全知识的主动性差。没有主动获取，只是被动接受，整体教育大环境对安全教育不足够重视，所以，获取知识的途径比较单一。

---

① 陈梦然.中华经典故事精选通俗读本 [M].南昌：江西人民出版社，2016：104.

（三）中小学社会安全教育课时量分析

事实上，只有极少学生每天接受一次安全教育，小学生接受安全教育的频率仍然不足，总课时量偏低，教育力度不够。

这种现状的主要原因还是学校对安全教育的重视程度不够。很多学校在学校课程课时安排上，对安全教育设置课时不足。多数学校仍是将重点放在了学习方面，安全教育容易被忽视。安全事故发生一段时间后，惨痛后果也会渐渐被淡忘。此外，虽然学校有安排安全教育课时，但部分教师将安全教育时间挤占，进行考试课程辅导。

（四）社会安全教育的形式分析

当代中小学生仍是以教师授课的传统的教育形式为主。实际演练和多媒体教学方式比较少，这样就形成了教育形式单一、单调，学生学习缺乏主动性的学习状况，造成教育效果不理想。

学校的教育力度和能力决定了小学生接受安全教育的形式问题。而教育力度和能力又很大程度上受制于经济条件。一方面，国家的教育投入力度和方向有待探究。另一方面，学校对安全教育的重视程度不够，将有限的教育资源投入到考试学科的建设、学校硬件的建设等方面。

（五）社会安全教育效果分析

很多中小学校的安全知识水平没有明显提升，所有安全教育形式中，应急演练的教育效果最好，教师讲授的教育形式教育效果较差。

目前，教师讲授是安全教育最主要的形式，但相对来说，教育效果并不理想，应急演练这一项，虽然频率不是最多的，但相对来说效果是最突出的。多数学生还是非常认同应急演练，可见有亲身体验的安全教育方式是比较高效的。学校多数采取了教师传统授课的被动形式，因此我们的教育的效果也主要体现在教师讲授的传统教育方式上，教师授课的效果没有与时间成正比。教育形式单一另外一个原因是学校可以节省开支，本校教师开展安全教育是最经济快捷的方式。但是，这一经济方便的教育形式，一方面，存在教师自身安全知识储备不足、更新不及时的问题；另一方面，安全教育的时间容易被挪作他用；此外，单一的讲授方式不利于学生安全知识的建构。这些都造成了教育效果的不理想。

二、中小学社会安全教育的多媒体教学策略

事实上，很多中小学生对现有的社会安全教育缺乏兴趣，这显然不利于知识的建构。无论我们学习任何事物，兴趣永远都是最好的动力和教师。采用传统的教师授课形式，无论教师水平再高，都很难演绎出真实的场景，时间一长学生会觉得安全教育枯燥无味。

想要提升中小学社会安全教育的效果，增加安全教育的形象性和趣味性是一个直接而有效的方法。那么，我们应该充分利用多媒体教学，提供更加丰富的影音资料，增加更多真实生动的多媒体展示，增加教学的趣味性，有效积极地调动学生的学习兴趣，提升社会安全教育效果。[①] 以火灾的防范和应对为例，对于防火方面的知识，如果增加火灾现场的新闻图片，更能吸引学生的注意力，也能带给学生更多的震撼，视觉冲击留下更加深刻的教育效果；对于火灾逃生知识的学习，如果能以动画的形式向学生展示，学生能更好地理解，也更乐于学习，便于接受；对于常见的起火原因的防范，如果能以儿歌甚至配以流行歌曲的形式呈现给学生，必将带来更好的教育效果。对于其他社会安全方面的安全问题和应对知识技能的展示，以上形式都同样适用，这些都是简单枯燥的讲授无法达到的效果。充分利用图片、视频、动画、音频等丰富多彩的内容呈现形式，利用网络方便的资源获取渠道，就可以在不需要额外经济投入的情况下，将社会安全教育的效果进行最大化的提升。

第五节　网络时代中小学校园危机管理面临的新问题及解决对策

一、网络时代中小学校园危机管理面临的新问题

（一）网络舆情反映不及时

在互联网环境下，中小学的网络舆情不能做到及时反映，针对网络的迅捷发展，中小学管理者常常处于反应滞后的状态，有的时候关注的民众已经很多

---

① 　王明明. 小学4~6年级学生社会安全教育现状及改善对策研究 [D]. 大连：辽宁师范大学，2016.

了，网上也形成了各种不同的声音，可是突发事件的主体还没有进入状态。如果我们反应滞后，就只能跟在舆论的后边，别人关注什么自己就解释什么，根本无法掌握主动，这对解决校园危机有百害而无一利。媒体时代注重速度，要求掌握先机，只有快速回应，才能在危机出现的时候表示对事件解决的诚意，才能够表达自己对关注本事件民众的尊重。我们在舆论中做出快速反应，其中表的态度和价值，往往能够战胜危机事件的具体内容，让公众对学校持有良好态度，从而在一定程度上增强自己学校的声誉。部分中小学的管理者对危机管理的认识不足，没有认识到危机自身的特点，往往只着眼于就事论事，采取措施解决危机，缺少对危机管理的全面认识。而在网络时代，每个人都是信息的发布者，也是信息的接受者，校园危机的发生，很可能在一个极短的时间内引起全社会的广泛关注，而中小学管理者在面临急速爆发的危机时，只能"头痛医头，脚痛医脚"①，匆忙应对，无法在第一时间内控制危机，防止危机蔓延。

网络时代的中小学危机事件随处可在，随时可发，很多中小学的相关管理者认为现在是平稳时期，根本不会出现什么问题。这样的话，如果危机事件一旦出现，大家都无所适从，从精神层面上来说，我们没有丝毫的思想准备，面临着危机事件就会不知所措，更不要说制定解决问题的有效方法。从物质层面来说，我们也难以做到防范，根本不可能在第一时间内提供相应的保障。同时，中小学管理者还没有看到网络的巨大影响力，认为依然可以采用传统的方法对危机事件进行处理，这样的结果就会让我们失去先机，影响校园危机的解决效果。

（二）危机发生前预警体系不畅通

中小学的校园环境比较单纯，出现的危机也多有先兆，例如校园围墙已经年久失修，某些教师经常被不同的学生家长投诉，一些学生在上学时身上带有伤痕等等，甚至有的家长已经通过网络媒体等将事情公开，引起了社会的广泛关注。可以说这些征兆无不预示着一场危机的发生，但是很多中小学没有建立起校园危机预警体系，对学生及家长反映的情况也不重视，甚至有些中小学本着教学第一的原则，校园网络不畅通，在这种情况下，学校自然不能获知网络上的信息，或者说即便获知了也没有全面深入地了解事情的进展和整个状态，于是造成了更大的危机伤害。

与此同时，我们还要认识到，危机常常是因小积大，当学生和家长通过正

① 周婷. 高手系列 高手 不懂带团队，你还敢做管理 [M]. 北京：中国法制出版社，2018：61.

常渠道无法得到问题的解决时，他们就很自然地进一步利用网络或新闻媒体说明自己的诉求，而当这些声音在网络上迅速传播，引发公众共鸣，进而形成负面影响，校园危机由此产生，进而对中小学形成广泛的、持续的压力。

（三）危机处理过程中的管理难度加大

由于网络时代信息传播速度快，所以校园危机事件很快就被散播开来。同时因为信息发布者自身的角度、取舍以及好恶不同，对危机的认识也不尽相同，而匿名的网络环境、碎片化的信息渠道、掺杂着个人情感的语言表述，往往会让社会公众对危机的看法不一，也使社会舆论的关注点时常变化，甚至社会的关注点会和虚假信息、错误信息交织在一起，这些非理性、非程序化的危机状态已经超出了传统的危机管理模式，而中小学在面临网络舆论压力时常常处于被动，对事态的发展难以掌控，决策难度加大。

（四）危机发生后的善后工作不到位

许多中小学还存有"官本位"时代的遗留，往往强调"家丑不可外扬""稳定压倒一切"等思想。这些思想反映到校园危机应对上，就是大事化小、小事化了，发生危机后第一件事就是"捂盖子"，采取"内紧外松"的政策，人为屏蔽学生和公众的知情权。还有些学校在产生校园危机后已经及时得当地处理了，但是为了保全学校的面子，怕影响学校形象，对发生的危机事件只字不提，不向公众汇报整个处理结果，以为这样就能降低对学校的负面影响了。但是在网络时代，信息源的多元化，使学校很难屏蔽信息，而屏蔽信息的行为，会让社会公众产生好奇，进而追问，从而引发公众对学校的信任危机，随之而来的就是谣言四起，造成更加恶劣的影响。

有的时候，危机本身和未能及时处理而形成的谣言在一定程度上会影响受到伤害的学生、教职员工的心理健康，学校不重视也会造成当事人的很大困扰。

二、网络时代中小学校园危机管理问题的解决对策

（一）积极应对网络舆情

如果校园危机已经爆发，作为中小学校园危机管理者责无旁贷，必须面对种种挑战。网络时代，面对校园危机爆发的挑战集中表现为对网络舆情的应对上，因此如何积极应对网络舆情，在现阶段对中小学校园危机管理具有重要意义。

1. 建立网络平台快速反应

在网络时代，时间就是一切，所以速度的反映是解决危机的第一要素，也就是说危机发生后的 24 小时决定了危机管理的成败。现代社会信息传播速度极快，因此留给中小学校园危机管理者的反应时间极短，这就要求我们必须在危机发生的极短时间内，以一种开放的心态，态度鲜明地快速发布相关信息，只有这样，才能遏制媒体的"想象空间"，避免出现过多的负面报道。

首先，各中小学都应该建立一个运转机制良好的网络平台，这是危机信息重要的发布渠道，在这里可以通过真实情况的报道及时澄清各种负面消息。[①]该渠道应当包括危机概述、政府声明、危机新闻稿等公众关心的内容，要注意线上和线下的互动。与此同时，学校必须设置一个 24 小时值班的电话，及时向公众传达学校的声音，听取公众的意见，化解公众的不满情绪。

其次，中小学要及时公布信息和进展情况。当危机事件已经成为不可避免的实施之后，中小学应该有一个鲜明的态度，应当成立危机处理小组，由其组织专门人员统一对外公开信息，向民众说明自己的观点。另外，发布的信息应该具有权威性，不要以个人口吻向公众表态，以避免降低学校的公信力，从而造成网民对学校的无意但是却恶性的攻击。

最后，中小学要同等重视传统媒体与网络媒体，对于来自网络的危机信息，专门人员应该寻找造成危机信息的源头，尤其是有关学校的负面新闻从网络转移到传统的纸质媒介之时，中小学管理者就更应当予以重视，及时向传统媒体通报信息，获得传统媒体的理解和支持，从而双管齐下，避免出现不一致的危机应对信息。

2. 积极进行网络沟通

在网络媒体中，由于每个网民在教育背景、性格、经历和学识等方面的差异，传统意义上的织在一起，"意见领袖"依旧存在于网络世界。当危机发生时，大量未经过处理的信息交不同立场的观点激烈交锋，绝大多数人会陷入迷茫中。但是，渊博、见解深刻的人会引导网络舆论的走向，成为网络世界的"意见领袖"一部分知识。而危机发生后，中小学校园危机管理者有必要与这些网络世界的"意见领袖"及时沟通，阐明危机的原因和过程，获得他们的理解和认同，从而引导网络舆论向着好的方向发展。

作为中小学校园危机的管理者，在处理完毕危机、消除负面消息后，不应到此为止，而是要通过设置话题，引导网络舆论从实际出发，客观讨论危机及危机的根源，进而消除危机的不良影响。

---

① 王立环. 网络时代中小学校园危机管理对策研究 [D]. 石家庄：河北师范大学，2015.

　　中小学校园危机发生之后，我们也应该采取相应措施，在网络媒体尚未完全整合所有资料之前，自己开放有利于学校的资讯，将危机发生的各个要素变成帮助学校解决事件的契机。总的来说，在校园危机管理中，要充分重视和利用网络的多媒体特性，将学校的照片、应对危机的录像及时上传，可以更好地引导舆论。

　　3. 转化危机为机遇

　　化"危"为"机"是危机管理的精髓所在，中小学校园危机管理者不能单纯地应对危机，而是应当抓住时机，把所有的"危险"转换成"机遇"。网络这个快速反应的媒体是一把"双刃剑"，它在传播危机负面影响的同时，也有可能被校园管理者所借用，利用其网络力量还化解危机。

　　(二) 建构危机预防机制

　　古人说："凡事预则立，不预则废。"[①] 校园危机的发生虽然具有突然性，但是也是一个从量变到质变的过程，我们在其潜伏积累阶段可以发现很多的征兆。因此，在树立危机意识的前提下强调危机预防，建立危机预防机制，尽可能地使危机达不到质变的要求，对解决危机至关重要。

　　1. 进一步强化危机意识

　　危机意识是危机管理的起点。危机意识的树立，就是要求中小学的管理者从长远的角度出发，即使在平稳时期，也要充分预测可能发生的危机和遇到的困难，在精神上做好准备，在物质上做好防范，避免在危机发生时手足无措，造成无法挽回的损失。随着政府部门的高度重视，中小学管理者的危机意识有所增强，但是对网络时代形成的"舆论危机"和"信任危机"还明显认识不足。

　　作为中小学校园的重要组成部分，教师、学生、家长不是管理主体，但确是参与主体，他们能否明白危机管理的重要性，是否配合开展危机管理、共同工作，都直接影响到危机管理的效果。因此，应强化所有危机参与主体的危机意识。

　　2. 制定危机预案

　　制定危机预案是指中小学校园危机管理者在预测和分析学校有可能发生的危机之后，制定的学校危机应急预案的工作。有很多自然灾害虽然是我们可以预测的，但是却不能保证在突发事件来临之时做到完美的规避，这就要求管理者制定危机处理预案。

　　无论如何，针对中小学校园安全问题制定各种危机预案势在必行，预案中

---

　　① 《礼记·中庸》。

明确了危机事件突发时的处理原则，处理步骤，明确人员构成及其责任，事先将各种资源进行了有计划的分配，这样才能保证危机发生后有效的危机应对策略的展开。因此全面深入地结合各中小学的校情、当地地况等各方面的情况进行调查分析和科危机诊断，制定出符合实际的危机管理预案，是每个中小学都面临的首要工作。只有这样才能保证预警机制的畅通无阻。

3. 开展危机教育

制定了危机预案并不意味着危机到来的时候我们就能够处理得得心应手，恰到好处。中小学管理者还应当积极开展危机教育，以确保预案设置的内容能真正地、及时地转化为实际的危机应对能力。我们也应该注意到网络时代危机教育的特点，学生不但可以进行实地演习，还可以从网络上得知中小学校园危机的各种情况，在学校的帮助下有效地进行梳理并且获取各种自救知识。各中小学可设置专门的课程，对师生进行必要突发事件演习，学校相关人员在实战演习中学习救护、求生技能，这个过程可以对危机预案进行查漏补缺的工作，更能达到理论教育和实践训练相结合的目的，提高师生防范与应对突发事件的实际能力。

4. 建立预警监测机制

预警监测是指利用网络技术为学校建立起高效的危机预警系统，学校管理者可以对一些可预测的危机事件进行预先布置。[①] 比方说泥石流多发地区的中小学的管理层应该重视当地的天气预报，能够预测阴雨天气对当地山体的影响，并且及时在网络或者校讯通中公布，这样可以在多雨季节对学生进行保护，以尽量减少危机事件的形成。

可以说相对于传统的信息传播媒介而言，中小学校园危机管理者可以利用网络建立预警监测系统，第一时间获取危机征兆，从而迅速反应，及时启动危机预案，避免危机的扩大。

(三) 建立危机应对机制

1. 启动危机应急机制

当危机已经形成的时候，事件主体不能慌张，应该建立果断的应急机制控制事态恶化。中小学危机管理者要善于调动与其相关的各种人力物力，保证顺利解决危机。

我们应该发挥精干队伍的作用，要知道在危机预防中，精干队伍应当就已经选出了，而危机不可避免地出现时，我们应该注意队伍的调配，马上形成极

---

① 王立环. 网络时代中小学校园危机管理对策研究 [D]. 石家庄：河北师范大学，2015.

具实践力的指挥中心，将预防机制中预设的人员全都调遣到位，明确分工积极合作，力争快速解决危机。

在危机事件发生以后，学校应该对事件有整体的控制，管理者要善于从中发现事件的具体发展情况，了解其性质，知道其蔓延的范围和影响力大小，迅速做出决断。毋庸置疑的是，危机事件的产生必定会产生负面影响，但是在应急机制中我们要避免负面影响的夸大，甚至减少负面影响。在网络时代，我们应该重视舆论的力量，依靠各种新媒体公开事件具体情况，让公众对事件有正确认识，并且通过媒体让公众看到自己开放而又明确的态度，从而重塑自己的公信力。

2. 强化危机干预机制

中小学产生的危机事件会对学校的学生造成负面影响，从而进一步影响其心理健康。这时候学校应当建立起心理干预机制，加强心理健康宣传和教育。学校的领导层要做好心理危机的排查工作，及时收集学生的相关信息，有针对性地建立心理辅导站，开设心理课程，进行各种解压的小游戏，让学生在愉快的氛围中进行自我调节，从而帮助学生保持积极健康的心理状态。汶川地震后，我国政府对当地受灾中小学生开展了中国教育史上空前大规模的心理援助和心理干预活动，以便让震后余生的中小学生的心理朝着健康的方向发展。

除了这种危机过后对学生的心理干预，我们也要注意某些具有心理问题的个体有可能引发的个体危机事件，现在要求各中小学都建立"心理咨询室"，对学生心理问题进行排查，采取主动出击的方法对"高危学生"进行干预，争取做到早日发现、早日解决。

（四）巩固危机善后机制

任何校园危机事件都会给学校带来一定的损失，但是事情的结束并不意味着危机管理的结束，作为危机管理的一个重要环节——危机善后，其机制的建立也是不容忽视的。危机过后，管理者应当运用各种修复机制，这既有对外的相关联系，也有内部的整改内容。虽然说网络新闻具有瞬息万变的特点，但是如果善后处理得不好，学校的公信力不但得不到重新确认，网络上的相关信息可能会长时间地弥漫在公众心中。在这种情况下学校应该利用自己的内部机制，将类似危机事件的诱因消除。

当事情出现之后，学校也要做正面的回应，尤其是利用网络媒体渠道，将自己的观点陈列出来，摆出积极解决问题的状态，与自己不利的网络谣言则会不攻自破。这样就能让大众在网络氛围中明白整个事情的经过，知道中小学解决问题的态度和决心，使舆论向着有利于自己的方面发展。

第六章　网络时代背景下中小学科研管理

现如今，网络已经逐渐走进教师的生活，网络科研已经成为教师工作的一个组成部分，借助网络与同行研讨、寻找教学资源等已经成为教师主要科研方法之一。本章将围绕网络时代背景下中小学科研管理展开系统的论述。

第一节　中小学教育科研课题的选择

中小学教育科学研究是以中小学校中发生的现象为对象，以探索教育规律、解决问题为目的的创造性的活动。教育科学研究一般要通过课题选择、制订研究方案、收集信息和资料、进行实验、分析提炼、形成报告或论文等过程来实现。因此，教育科学研究不是从撰写论文开始，而是首先从选择课题开始。中小学教师参加教育科研是教育教学实践、自身业务能力提高、教育科学发展的迫切需要。由于中小学教师工作在教育教学实践的第一线，有丰富的教育教学经验，只要善于将科学研究与教育教学工作紧密结合起来，认真选择课题进行研究，就能取得科研与教育工作相互促进的效果。

一、科研课题的类型

教育科研的范围非常广泛，它包括所有有关教育方面的宏观的和微观的问题。教育科研课题就是针对教育科学领域中具有普遍意义的特定问题，而形成的有明确而集中的研究目的、范围和任务的研究题目。课题不仅仅是个名称，它是研究方向、范围、意义、成果的体现。[1] 根据教育科研课题的功能，可以将科研课题的类型分为以下三类。

---

[1] 叶宝华. 现代中小学教育与管理研究 [M]. 成都：电子科技大学出版社，2005：138.

（一）基础性研究课题

所谓基础理论研究就是在教育实践基础上，认识各种教育现象，探索其本质和规律，阐述其根本原理，以形成较系统的教育基础理论的研究成果。这类研究侧重探索教育现象中带有根本性质的一般规律，强调研究的深度。它的价值在于对教育事业的发展可能具有深远的意义。教育基础理论的研究虽然是高层次的，但是也并非仅仅局限在少数教育理论工作者范围之内。从当前基础理论研究的发展趋势看，许多中小学校课题研究都由定性研究为主向定性定量相结合的研究方向发展，教育理论和教育实践的结合也更加紧密，呈现出理论部门与实践部门、理论工作者与实践工作者结合的态势。

（二）应用性研究课题

这一类课题具有直接实践的意义，着重考虑如何将基础理论研究的成果同教育教学实践联系起来开辟应用的途径，探索搞好教育工作的规律，以及如何将实践经验上升为科学理论，形成对教育一般规律的认识。这种研究不仅有助于直接解决当前教育的实际问题，提高教育质量，也有利于基础理论研究的深化与发展。中小学教师所进行的教育教学研究，大量的是应用性课题研究。应用研究的范围很广，例如贯彻落实教育方针政策方面的研究，中小学课堂教学模式的改革研究，关于学生探究能力的培养研究，中小学教师继续教育的内容、法规和制度的研究，教学技术、教学手段现代化的研究等。

（三）开发性研究课题

就其实质来说，开发性研究不是为了获取知识，而是为了展开知识，是旨在运用研究的成果，开辟新的应用途径，发展已有成果的研究。由于它为某些教育教学方法、手段、技术的应用开辟了新的途径，因而既能促进教育教学实践的发展，又能在一定程度上增加人们对教育教学规律的新认识。

三种类型的研究课题各自有不同的目的、性质、特点、地位、功能和作用。然而三者的关系又是相互关联、互相渗透、相辅相成、不能分开的。基础性研究是应用性研究、开发性研究的依据和指导；应用性研究、开发性研究是对基础性研究的验证和丰富；开发性研究是应用性研究的具体化、实用化，是将基础性理论转化为成果的研究。

二、课题选择的意义

（一）选择合适课题是研究者能否将研究工作顺利进行的关键

因为教育科研从课题选择开始。能否找到一个合适的课题，是关系到研究成败的关键。有了理想的选题，就等于有了一个可望成功的出发点，缺乏深入思考，贸然定题，就等于埋藏了一颗不果的种子。爱因斯坦说过："提出一个问题往往比解决一个问题更重要。"[1] 因为解决一个问题也许只是一种方法或技能而已，而提出新的问题，新的可能性、新的假设，则需要想象与创造，它标志着科学的真正进步。因此，真正的科研，非走好选题这一步不可。

（二）选择合适课题决定了研究者近期研究的范围与方向

首先，某个教育教学的热点问题一旦被确定为研究课题，它规定着研究者在较长时期内的主攻方向和长远目标，因此需慎重地、深思熟虑地考虑。其次，选题制约着后续环节运行的深度和广度，规定着应该采取什么方法、手段和途径，进而对该项科研的成败、效果和取得成果的速度起着决定性的作用。

（三）选择合适课题是判断研究者科研能力高低的重要标准

选题一方面不仅可折射出研究者对该研究领域的熟悉程度与掌握深度，而且还反映其敏锐地看出问题、找到问题的能力另一方面，能否选择合适的课题又是判断一个人能否独立从事科研工作和区别科研能力高低的主要标志之一。我国著名科学家严济慈对此曾有精辟的见解。他认为，初级科研人员是在别人给他指点的领域和选定的课题之下完成一定的研究工作；中级科研人员能够自己选择适当的课题并独立完成；高级科研人员除自己从事创造性工作之外，还应具有指导别人进行科研的能力。[2] 因此，从研究者选择的课题中，可以反映出其科研能力的高低

三、课题选择的原则

由于选题是一项思想性、科学性与实践性很强的复杂劳动是进行科学研究工作的重要环节。课题选择是否得当，直接影响到能否出成果以及成果的价

① 苏忱．与一线老师谈科研［M］．上海：上海教育出版社，2018：39.
② 刘电芝，易连云．教育与心理研究方法 教育学教育部财政部高等学校特色专业教材建设［M］．重庆：西南师范大学出版社，2013：44.

值。为此，在选择课题时，应考虑到如下原则。

（一）需要性原则

需要性原则是课题选择的重要依据和出发点。要根据教育事业发展和教育改革深化的需要确定课题，着重研究教育事业发展和改革中出现的重大理论问题和实际问题，使科研真正能够为教育行政领导部门的决策服务，为教育改革和教育发展服务，为建立具有中国特色的教育科学理论体系服务。根据教育发展的迫切需要来选择课题，这样的课题一旦解决，将能推动和促进教育的发展和教育质量的提高，将丰富充实我们的教育理论体系。如果研究者不考虑现实的需要，埋头钻研"屠龙之技"，那只能是徒劳的。

（二）理论性原则

教育科研是一种探索规律、掌握规律的活动，不能停留在一般经验上，只有进行理论思维，才能把握事物本质和规律，入木三分地说明问题。[①] 没有科学理论指导的研究，不可能真正把握规律，也就谈不上解决实际问题。同时，教育科研要致力于选择那些蕴含教育教学理论生长点的课题进行研究，以丰富和发展教育教学理论。

（三）创新性原则

教育科学研究的目的是要认识前人还没有认识或没有充分认识的教育教学规律。因此，在选择课题时，尽量不要选择过时的或已经有定论的问题来研究，这就必然要求选课要有一定程度的独创性和新颖性。课题的创新性体现在：一能使教育科研发展步入新的阶段或向前推进一步。二能对教育科学某些短缺和空白给予补充，从而对教育科学的发展做出某些贡献。三能纠正教育科学中某些不正确的观点。四能对前人的研究有所发展，使前人的研究成果更为丰富完整。通常创新性课题有以下一些类型：①延伸型。课题已取得阶段性成果，但尚不完全、不充分，还有待进一步补充、丰富、完善，使之达到新的认识水平与高度。②交叉型。就是用另一学科另一领域的科研成果来发掘、开拓本学科本领域尚未开发的内容。"交叉型"的科研成果往往导致诞生一门新学科。③借鉴型。搞科研并不是从零开始的，已有的科研成果一定要重视利用。一个学科的成果有选择地"拿来"，并赋予新学科的特色，很可能就是一个创举。④开拓型。是指"想前人所未想，做前人所未做，见前人所未见"，以独

① 毕洁光. 中国教育改革与发展论文选　上 [M]. 北京：光明日报出版社，1998：255.

特的眼光、崭新的视角开辟全新的领域。其成果意味着新观点新理论的诞生。总而言之，创新性即是追求"人无我有，人有我新，人新我实，人实我深"。

（四）可行性原则

在选择课题时，作为研究者一要充分考虑完成课题研究的主客观条件，包括研究者的专业特长、科研经验、兴趣爱好、时间和精力，其他人的配合等。二要考虑对该课题占有资料、实验经费、实验设备及其他客观条件。三是看课题研究出的成果有无普遍推广价值。要在全面衡量这些条件的前提下，选择那些经过努力可以获得成功的课题。不要选择自己不熟悉的、力所不及的课题，不要盲目追求"热点"，课题宜小不宜大，越小越具体，研究越可能深入透彻。总之，选择课题时，研究者要在全面分析、反复论证的基础上，扬长避短，量力而行。

但是实际上，研究者在选题时，只掌握上述原则还是不够的，还得讲究一定的方法与技巧。也就是，一要注意选题的阶段性。课题选择是一个动态的发展过程。课题的诞生是个从小到大、积少成多、逐步完善的过程。任何一个课题的确立都不可能一蹴而就，而要经过不断充实和逐步完善，这样才能使自己对课题的认识日趋全面、日臻成熟，才能使课题研究顺利进行。[①] 因此，搞教育科研要注意日积月累，并把点滴的认识加以类化、条理化，只有这样，有价值的课题就会产生。二要注意选题的敏感性。同样的教育现象，刺激一部分人，可能无动于衷，认为极其正常，而在那些有科研经验的人看来，则大有文章可做。这就涉及了选题的敏感性问题。教育实践中研究的课题是很多的。我们要做有心人，时时以思考的头脑、以研究的态度看待教育现象，善于从司空见惯、似成定论的现象和老问题中发现研究课题。

四、课题选择的途径

作为中小学教师，从事教育科研工作要充分发挥自身的优势。因为中小学教师工作在教育教学第一线，有丰富的教育教学实践经验，最了解教育教学的矛盾所在，所以，就为教师从教育实践需要出发选择课题提供了条件。同时，教师天天接触学生，熟悉研究对象，完成研究也有保证。因此，教师要结合自己的工作实际，从自己的身边找课题，从教育教学的实践中找课题。

---

① 叶宝华. 现代中小学教育与管理研究 [M]. 成都：电子科技大学出版社，2005：143.

(一) 从突出问题中选题

从突出的教育教学现实问题中选择课题,是教育科学研究的重要任务。就拿教学来说,教学是中小学的中心工作,围绕教学工作,教师可以选出很多教学方面突出的课题。例如,如何提高课堂教学效率、减轻学生过重的课业负担、培养学生的学习能力、改进教学方法指导学生学习方法、改革考试制度等都是很好的研究课题。又如,小学高年级学生厌学是个相当普遍的问题,那么,这个问题的现状如何?这一年龄阶段儿童的生理、心理上有哪些特点?学校教学内容、教学方法、考试方法与学生厌学有没有关系?怎样帮助学生克服厌学情绪?这些问题既可以分别研究,又可以综合研究。类似的问题还很多,尽管有不少人研究过,但问题还远未完全解决,并且不断有新问题产生。

(二) 从教育疑点中选题

目前,在教育教学实践中存在着大量值得探讨的问题。如实施素质教育有的人认为就不需要进行考试了;有人认为增加几门选修课就算是实施素质教育了。其实这些认识都是偏颇的,我们可以从这些问题中,确定这样一些课题:如何构建从"应试教育"向素质教育转轨的运行机制?应试教育与素质教育二者之间的联系和区别?等等。只要勤于思考、善于分析、做个有心人,就可以从教育的疑点和值得探讨的问题中发现颇有新意的课题。[①]

(三) 从成功经验中选题

中小学教师在教育教学实践中确确实实积累了大量宝贵的经验,但是,这些具体的行之有效的实践经验,往往是零碎的、不系统的,存在着表面性和局限性,需要去总结、概括、提炼,以便归纳出规律性的东西,这样才能使这些成功的经验得到很好的应用和推广。所以,总结成功的教育教学经验,使之升华为理论,并得到进一步推广,从而丰富教育的理论宝库,也是教育研究课题的重要来源。例如,有的教师善于指导学生编纂个人文集,培养学生的写作兴趣,提高他们的写作能力;有的教师从不训斥学生,与学生交朋友,结果班级纪律很好,秩序井然,师生关系融洽;有的教师从不集体补课,布置作业也很少,学生的学习成绩却十分突出;有的教师经常组织学生观察社会、欣赏大自然,教师讲授作文知识的时间虽然减少了,学生作文水平却明显提高了。教师如能认真总结其中的经验,概括出初步的原则或规律,也能形成一些较好研究

---

① 张民生,金宝成. 现代教师 走近教育科研 [M]. 北京:教育科学出版社,2002:25.

的课题。

(四) 从实践失误中选题

在教育教学的实践中，失误是不可避免的，老教师有，新教师也许更多。面对失误，教师应该冷静地想一想：为什么会失误？主要症结在哪里？应该吸取什么经验教训？可以用什么方法来弥补？等。对失误进行深入的思考和认真的总结、选题研究，也是教育科研的一个重要内容。例如，一位教师接任了新一届学生，通过几个学期的教学，发现学生在知识应用方面不是很灵活。那么，教师就应该反思自己的课堂教学方法是否存在问题，然后可以在改进课堂教学方法方面选题研究；又如一位数学教师通过调查研究，发现大量的数学课堂教学的练习设计得不好，重复机械性的练习多、针对性强的练习少、课内损失课外补的现象严重由此找到了解决减轻学生数学课业负担过重的突破口，于是就形成了"学生数学课堂练习设计研究"的课题。

(五) 从讲课评课中选题

在讲课过程中，教师可能会突然得到某种悟性，或者是受到学生发言的启示，或者突然闪过某种灵感，产生平时没有想到的观点，发现平时没有注意的材料。对此，教师要及时予以记录，因为灵感之类，常常是稍纵即逝的，如不及时记录，很有可能失之交臂，以至永远也不会再来。所以，每堂课后，教师要及时用一点时间仔细地想一想：课堂上出现的东西，产生的灵感，是否具有探究的价值，是否可以选为课题进行继续研究。如果是一个有价值的研究课题，就可以选择。另外，教师在听课和评课中，可以通过比较的方法，把自己是怎么教，别人是怎么教；自己是这样评的，别人为什么不是这样评的，进行比较，找出差异。差异就是思维之源，就是产生新观念和新思想的导火线。[1]为什么人家会这样教，这样评，只要深入思考，必定能从中得到一些启示和灵感，必定可以从中寻找研究的方向。因此，作为教师，也应该把讲课、听课和评课当作是一个选择课题的极好机会。

(六) 从论文阅读中选题

对一个有志于教育事业的教师来说，经常阅读有关教育教学材料或论文是很有必要的，它既可以指导自己的教育教学实践，也可以从中获得一定的启

---

① 上海市凉城第一小学. 走向优质教育　小学教师教学反思能力培养的实践研究 [M]. 上海：上海文艺出版社，2007：207.

示，触发自己探索问题的灵感。阅读别人的论文，当然不是为了跟着别人去研究，看他人研究什么自己也去研究什么，阅读的目的是为了借鉴、联想和寻找研究方向，发现他人尚未发现的规律性东西。阅读论文，范围要尽可能广一些，不要只限于自己的学科，最好也不要只限于教育教学方面的。在条件具备的前提下，要适当看些别的专业、别的行业的文章，没有时间，看看标题和内容提要也好，以拓展自己的视野，找寻自己感兴趣的研究课题。

第二节　网络时代背景下教师网络文化资源的利用研究

一、中小学教师网络文献资源利用现状和特点

就目前对于网络文献资源的利用率来看，从不查阅网络文献资源的教师很少，绝大多数教师都会定期或不定期地查阅网络文献资源。因此可以说，随着网络信息技术的飞速发展，绝大多数教师会利用网络这种便捷方式来查找和利用文献资源，网络文献资源已成为中小学教师学习、工作资源的主要来源。

从利用网络文献资源的目的来看，写论文和备课是中小学教师利用网络文献资源的两大目的，其次是写工作计划总结和积累资料。可见，中小学教师查找网络文献资源的目的相当明确、集中，这与教师身份完全相符。

从资源类型和查阅途径来看，期刊论文和电子图书的阅读率最高，说明教师既关注经典著作，也与时俱进，关注最新研究成果。

从教师群体特征与网络文献资源利用的相关性来看，呈现三个特点：一是学历和岗位与教师网络文献资源利用率的相关性较大，利用频率随着教师学历的提高而逐渐提高；二是城乡差异不显著，城镇和农村对网络文献资源的利用率差异很小，几乎相当，他们获得网络文献资源的途径和检索技术也与城镇教师相差不大，这表明网络的普及已达到了一定的程度，农村与城镇同样能够享受便利的上网条件，技术层面也不占劣势；三是学科优势不明显，信息技术学科的教师利用网络文献资源的频率比其他教师略高，但没有明显的差异，同样证实了网络的普及和信息素养的提高，使信息技术学科教师在网络文献利用方面并不占优势，其他学科的教师也具备与信息技术学科教师同等的能力。

二、影响教师利用网络文献资源的主要因素

（一）教师自身因素

1. 教师网络文献利用意识不足

随着移动互联网络的普及，上网对教师来说已是家常便饭。但是教师上网更多的是浏览资讯，进行碎片化浅层阅读，而较少查阅文献，进行深层次研读。

2. 教师网络文献资源利用能力不高

一方面网络文献检索技术掌握不够，文献查找途径单一，使查找到的文献广度和深度都不够理想，影响了教师对网络文献资源的有效利用。另一方面，教师对资源的梳理、辨析能力不强。相当一部分教师不会从大量资源中高效地查找出有用的信息，缺乏对大量数据进行分类整理的能力，也不会利用工具软件对资源进行梳理。另外，仅有少量的教师对网络文献资源的正确性和权威性有质疑，表明教师对资源的辨析能力也有待于提高。

（二）外在因素

从外在条件分析，网络文献资源本身确实数量庞大，不少资源权威性也不够高，这对教师有效利用网络文献资源造成了一定的困扰。虽然百度等搜索引擎的利用率相当高，但是使用知网等专业数据库进行检索的比例较少。事实上，提供核心资源的学科教育网站和提供专业资源的专业数据库理应作为教师查阅文献资源的首选途径，而提供线索性和浅层资源的搜索引擎则应作为辅助途径。另外，信息的不对称使不少优秀的学科网站和数据库资源并不为教师所熟知，这些资源并没有被充分利用，而教师却苦于找不到理想的资源。

三、网络时代背景下教师网络文化资源的对策

（一）加强服务，推动学科网站平台建设和宣传推广

学科教育网站是专门为教师教学研究建立的网站，包含了大量的资源。这类网站在国内有很多，有国家基础教育资源网、中学学科网等大型教育网站，也有按照学科或地区分类的中小型教育网站。但是，学科教育网站建设不够完善、宣传推广力度不够导致教师并不愿意将其作为资源查阅的首选途径。要做好学科教育网站的建设和推广工作，需要多个部门共同努力，既要提供大量的

资源，又要确保资源的高质量并及时更新，还要做好服务工作，改善网络文献环境，帮助教师便利地查找到所需文献资源。① 资源的建设可以由多个部门进行共建共享，网站的建设和推广也需要引入竞争机制，利于网络文献环境的进一步改善。

（二）创造条件，为教师提供更多的专业数据库来源

知网、维普、万方是三大中文专业数据库。教师对这些数据库的利用率却并不高。一方面是教师并不了解这些专业数据库中有海量的文献资源，另一方面，这些专业数据库需要收费才能阅读全文，而中小学教师所属管理部门很少开通包库服务，教师需要自行购买书卡才能进行全文阅读，这也影响了教师对网络文献资源的利用率。所以可以首先通过培训、分发学习资料等形式引导教师逐步熟悉这些数据库，上级部门则应尽可能创造条件为教师提供免费使用专业数据库的机会，引导教师使用权威性较高的，有一定研究深度的文献资源。

（三）培训指导，促进教师检索技术和研究能力的提升

目前，很多教师希望参加培训以进一步了解网络文献资源的利用。针对教师群体共同需要学习的网络文献资源的检索技术和分析梳理技巧进行培训指导，能够快速提高教师整体的资源利用能力。由于高学历教师和领导岗位教师网络文献资源利用能力较强，因而，鼓励高学历的教师和领导岗位的教师与普通教师进行师徒结对，能够将"师傅"的经验传授给"徒弟"，并且有针对性地解决"徒弟"在操作中的具体问题，从而达到更好的提升效果。因此，通过培训指导和师徒结对的方式会有利于教师增强网络文献资源利用意识，提高他们的检索技术，从而进一步提升专业研究能力。当然，培训指导和师徒结对指导既要着眼于提高教师的检索技术，更要强化教师对网络文献资源进行有效整理和利用能力的培养。②

①　魏刚，黄琼．网络教学资源运用谈［J］．江西教育，2014（36）.
②　华晓宇．中小学教师网络文献资源利用现状分析及对策［J］．教学与管理，2015（03）.

第三节　基于网络的中小学教研研究

一、中小学网络教研存在的主要问题及其原因分析

(一) 中小学网络教研存在的主要问题

信息技术的普及，使学校教研工作进入了一个新的历史时期。网络教研是信息社会教育教学的必然产物。作为一种新型的教研形式，它有着传统教研不可比拟的优势。通过网络可以实现跨时空、低成本、高效率的校内和校际合作，教师可以自由交流信息、探讨问题、合作课题、进行科研攻关，在资源共享和智慧共享的同时共同走专业化发展的道路。这已不单单是运用网络平台开展教研活动，更是利用网络促进教研工作内涵发展的过程。然而实际上，中小学网络教研中还存在许多问题。

1. 网络教研未得到当地教育行政部门和学校领导的充分重视

调查发现有些地方和学校领导没有真正将网络教研视为学校校本教研、教师专业化发展的内在动力。一些学校也根本没有组织网络教研，或是偶尔组织，过过形式。领导本身缺少先进教学理念和改革创新的精神，没有一定的课题研究理论知识和实践经验，从而弱化了网络教研应有的地位和作用。开展网络教研的条件也常常被忽视，如校园网站栏目的设置中只有极少的教研版或只重行政通知而无专题教研、论坛和学科动态等。还有办公室电脑的配备、网络的畅通连接、配备专职网络管理人员进行平台维护、教师网络教研意识的增强、教师信息技术水平的提高、教研氛围的形成等没有引起学校领导的足够重视。

2. 教师的参与意识不高，对网络教研的满意度偏低

一些教师将网络教研视为额外负担，缺乏积极主动的投入和思考。一方面，网络教研的外在条件不具备，如无专家指引、活动没有足够的吸引力；教学任务偏重，教师没有空余时间参与或只能利用休息时间参与等。另一方面，教师本身的信息技术水平较低，教研素质有待提高，但没有培训的时间、场所和指导教师等，影响了参与的积极性和活动的效果，致使教师对网络教研的满意度偏低。教龄较长的教师更倾向于常规教研，无法平衡网络教研与常规教研之间的关系。更甚者不能自我约束和监督他人，借网络教研之机邀约他人用聊

天工具休闲娱乐，没有充分行使教研权力，更谈不上接受专家引领、同伴互助和进行自我反思了。

3. 学校组织管理网络教研情况不乐观

教研组缺少网络教研组织管理的经验，对教师的网络教研情况总体把握不清，没有科学的教研计划，教研程序设置不合理，对教研过程的失控，以及网络教研成果的展示不够，均导致网络教研的效率不高。具体表现为，学校无固定的网络教研时间、次数和程序，也没有固定的教研平台、工具，网络教研团队形散，神更散。以及网络教研平台的维护、更新等建设无人或少人问津，组织者缺乏管理经验，教研无法深入或跑题、偏题，未形成网络教研亚文化、相关网络教研保障制度与评价机制的缺失等，使不少学校网络教研处于拖沓状态。

（二）中小学网络教研存在问题的原因分析

任何事物都有两面性，网络教研有诸多优点和特色，但也存在一些问题，认识和分析这些问题产生的原因，有利于中小学教师更为有效地进行网络教研。因而下面从不同的角度来分析网络教研中存在这些问题的原因，以便有针对性地采取措施，解决问题，提高网络教研的效率。

1. 中小学教研主体对网络教研价值认识的不到位

传统观念上，教研活动往往就是教师和教学研究相关人员聚在一起进行研讨，或者是进行说课、讲课观摩，似乎都有一个前提：所有人都要到现场。教师也更多地把自己作为"旁观者"，即使提出问题，也是甩手等待"专家"来解决，而不是积极主动地参与。由于传统教研带来的根深蒂固的影响，有些教师缺少研究意识，教研成为"不在状态下的研究"。他们不敢"越雷池半步"，依赖于"我讲你听，我灌你取，我考你做"的单调乏味的传统教育教学模式。重单干，重封闭，重学生单一的学习成绩提高，少合作，少各种教育教学信息的获取，少竞争，扮演着"井底之蛙"的角色。

正是由于传统教研常常采用自上而下的行政命令对教师灌输教育理论、教学方法等知识，所研究的问题也多与教师的教学实际相脱离，教研被认为是少数人的事情，这些现象的根本原因则是传统教研忽视了教师的主体性，把教师看作被动地施加教育理论、教学方法、教师专业发展等知识的对象，采用自上而下、行政命令、理论灌输的方式，这样的教研很难激发教师积极参与的主体意识，往往成为游离于教师主体之外、与教师的教学生活脱节的外在物。[①]

---

① 黄小琴. 中小学网络教研问题及策略研究 [D]. 重庆：西南大学，2009.

尽管网络教研"突破时空限制"的这一大特点可以将教师从舟船劳顿之苦中解脱，也可以节约更多的宝贵时间，提高教研的效率，但是由于网络的虚拟性，加上许多媒体有关网络类似"网恋""网瘾"的负面报道，使相当一部分教师对网络教研还心存疑虑，对其是否能促进教学，是否能达到教研效果还抱有怀疑的态度。已经对其有一个先入为主的偏见，总以为网络教研不过是小打小闹，成不了气候。这样的态度使网络教研在推广上受影响，其实施效果也会大打折扣。

2. 中小学教师信息素养偏低，参与网络教研的效率不高

信息素养是一个综合性的概念，其基本内容包括：有信息意识，能有效地利用信息源；能对信息进行批判性的思考；能将有用信息融合成自己的知识体系；能主动鉴别各类信息；能够获取所需信息并能评价和分析；具有开发和传播信息的能力等。[①] 目前，教师的信息素养普遍偏低，很多教师的操作技能只限于上网浏览、下载，不少教师对使用信息技术有畏难情绪。活跃在网络教研前台的往往只是少数的"常客"，而更多的教师则喜欢做"潜水者"，仅仅把网络当作获取信息的平台，缺乏积极参与和同济互助的意识。有的教师在教研论坛上发帖时，信息表达不够明确，反映教改困难与问题时，理性的、学术的成分不够，"怨""愤""水"的成分过浓。有的教师把教育博客只当作"电子笔记本"，杂乱而且很随意，博文中多用链接，缺乏界面的友好性等。这些都是信息素养欠缺的表现。教师信息素养的欠缺导致网络教研的优势没有充分发挥。

此外，中小学教师工作压力大，特别是中学教师，他们没有精力进行网络教研。一方面，现有的教育评价体系和学生家长对教师的评价过于重视学生学业发展的指标，过于强调学生和班级教学成绩，分数仍然是教学成果的主要参照物，是衡量教师工作能力的唯一标准，关系到教师的评价，这使教师不得不围绕这一指标而努力。另一方面，中小学教师的工作量很大，有一些学校的教师工作量达到每周25~30课时，常常加班加点工作，部分学科教师还兼任班主任工作，教师没有时间进行教学研究和系统学习。在诸多压力下，教师不可能有足够的兴趣、热情与精力参与到网络教研中去，致使教师参加网络教研的内驱力不足。即使参与活动，由于网络研讨的便捷与开放，常会导致研讨的选题随意性过大。参与者多泛泛而谈，还易出现在同一个层面滑来滑去，争执不休的情况，使在线研讨难以深入，导致浅层性的闲聊式的研讨过多，浪费了教师宝贵的时间。由于一线教师没有根据论坛安排的主题进行精心准备，脱离了

① 陈荣，霍丽萍. 信息检索与案例研究 ［M］. 上海：华东理工大学出版社，2015：10.

课堂实践和理论引导，无法深入研讨。另外，通过网络沟通多在匿名的状态下进行，由于网络管理规范和网络行为主体自律机制的缺失，会出现道德失范现象。博文被盗，观点被占的现象时有发生。不同的主张不同的观点碰撞时，也出现情感伤害、人格攻击的现象。甚至有人借助网络研讨窃取别人的研究成果，这些都是有悖于网络道德的行为。

3. 网络教研平台建设力度不够，冗余信息迷失教研方向

良好的网络教研平台的建立是教师进行有效的网络教研的基础。正如马复教授所说："学科网站应基于研究，研究的成分少，对教师的帮助不大。同时要有针对热点问题的视频研讨，网站的定位是原创性、在线研讨、理论提高和解决问题。"① 马教授的话概括了建立学科网络教研平台的基本要点。而平台的好坏，首先要看栏目（或子网）的设置是否有利于教研的开展，网络资源的数量、质量是否满足教师的需要，使用者是否便利等。其次，要看网络平台的功能设置是否完善、便捷。交流是否便利等。调研发现，部分广域网存在的主要问题有：信息资源的建设量虽大，但不能充分地针对现实问题，不能及时满足教师多样化的需求，对论坛的管理不够规范等。校本教研网存在的主要问题有：栏目设置随意性大，网络资源库更新不及时，在管理上"技术"与"业务"分工不明确，与上层教研网承上启下的作用发挥得不够，缺乏网络教研的系统意识等。有的网络平台不能根据用户需要及时更新，数字化教学资源的实际利用率不高，教师无法及时获得新的专业知识。区域性的教研部门建立的教研网存在的主要问题有：教育部门与技术部门的整合还不够，许多平台建立后成为教研员发布通知的工具，其网络平台并没有成为教师做研究的真正园地。

此外，网络给教师进行研究提供的重要的支点之一就是提供海量的信息链接。网络无限量满足教师需求的同时也带来信息冗余的问题。美国学者约翰·奈斯比特（John Naisbitt）在《大趋势——改变我们生活的十个新方向》一书中指出："失去控制和无组织的信息在信息社会里并不构成资源，相反，它成为信息工作者的敌人。"② 从表面上看，教师对于信息的接收，具有很大的主动权，但问题的关键却在于，信息数量的增多，尤其是无限量地增多，只是意味着为人们提供了更多的信息选择的可能性，却不必然增强人们对信息的选择能力。相反，在海量的信息面前，人们倒是大大削弱了对信息的选择能力。要

---

① 马复. 中国基础教育学科年鉴 数学卷 2011 [M]. 北京：北京师范大学出版社，2013：85.

② [美] 约翰·奈斯比特. 大趋势——改变我们生活的十个新方向 [M]. 梅艳，译. 北京：中国社会科学出版社，1984：89.

在有限的时间里，从海量的信息中选择自己所需要的信息，绝非易事。另一方面，大量的信息也会不断地挤压教师有限的时间，逐渐缺少思考的机会，丧失实践操作。吴蓓在《英格兰的落叶》一书中谈及信息冗余造成的危害："外面的光太亮，人心中的光就会消失。有如在夜晚中步行，如果灯火通明，只是走路，什么都看得清清楚楚。若无任何光亮，就得全神贯注，小心翼翼，不仅用脚去探路，也要用心去感知。现代社会人生活在外在的光亮中，不仅指夜晚的灯火通明，也包括各种消息泛滥，人被动地接受，丧失了内在的光明和反省能力。"① 也就是说，教师在使用网络的同时往往会陷入游离和沉溺的困境，游离会使我们忘记自己最初的研究目标，沉溺会使我们脱离现实的研究基础，而人为物役，这违背网络教研的本意。

4. 中小学网络教研的组织与管理存在缺陷

实践证明，具有好的网络教研平台，只是技术的保证，而网络教研的有效组织与管理，才是充分提高其绩效的关键。作为网络教研平台的组织者（或主持人），应该充分发挥教研行政组织和学术团体的作用，有计划、有目标地组织本区域内教研活动的开展。

就目前来看，在基于校园网的网络教研中，有些学校响应教育信息化工程发展的号召，购买昂贵的信息器材，建设校园网，却没有充分利用网络进行教研，使校园网成为漂亮的摆设。有些学校的网络教研分工不够明确，缺乏计划性和延续性，缺乏专业管理。网站上的教育资源单一，不够丰富，利用率低。没有建立完善的激励机制，影响了教师开展网络教研的积极性，导致交流与讨论开展不起来。受应试教育的影响，对学校的评价仍以升学率作为唯一的指标，因而学校的一切工作还是为提高分数，教学和研究还是"两张皮"，一些学校教研氛围不浓，教研摆在极其次要的地位。

在区域性网络教研中，教研行政组织和学术团体的功能发挥得不够，地区全局性整体网络教研的意识不足，在对全地区网络教研进行指导、引领及以课题为切入点的问题上，部门之间协调不够，宣传的力度不够，主动服务的意识不强等。在全国性学科网络教研中，主要的问题是学术梯队建立不够完善，一线教师实现有效的专业引领措施不多，论坛的学术味不浓等。此外，区域及学校之间存在的壁垒影响了网络教研的开展。网络教研要的是教育资源共建、共享，需要教师真正地开放自己，与同行进行真诚的交流合作，但是由于评价机制的问题，区域之间、学校之间、教师之间在高考成绩、中考成绩上竞争非常激烈，有些区域每学年都要根据当年的中考和高考成绩全区各校进行排名，有

① 吴蓓. 英格兰的落叶 [M]. 北京：三联书店，2004：151.

些区和学校还对各学科教师进行排名，无形中给学校和教师造成很大的精神压力，使学校之间、教师之间存在着排他性竞争，相互封锁教学资源，将自己的经验和"绝招"秘而不宣，这使网络教研很难开展。

二、提高中小学网络教研实效的策略

（一）强化教研主导方的作用，加强组织网络教研活动

学校领导应认识到网络教研是促进教师专业化成长的重要组成部分，在教育科研方面应具有前瞻性和务实性，将网络教研作为学校核心工作之一，做好引领和组织教师积极参与网络教研工作。同时，教研员在网络教研中仍然发挥重要的作用。在传统教研中，教研员主要在两方面发挥其作用。一方面是行政职能，另一方面是业务职能。行政职能中，教研员是教育机关与基层学校的桥梁，又是一名组织者和管理者，组织和管理所在区域内分管学科的所有教师的教学教育活动的开展。业务职能中，教研员是教育专家与第一线教师的桥梁，教育理论与教学实践的桥梁，又是一名引领者，引领分管学科的教学教研。

网络教研能够使教研活动介入教学全程，贯穿在教师教学设计、教学实践和教学反思的各环节，与教学同步进行。[①] 在网络教研中，教研员如果能够充分发挥自己的作用，则可以较大程度地提高网络教研的实效。尤其是在教科研部门联合共同开发网络教研平台的单位，教研员则利用单位自建的平台充分发挥其行政职能和业务职能。教研员要以参与者、合作者、研究者的身份深入教学第一线，及时发现学校教学工作和教师专业化成长中的问题，及时提供专业咨询、信息服务和技能帮助。教研员更多地接触到课程改革的新思想、新观点、新方法等，也有更多的机会接触教育专家。如果采用网络教研的形式，教研员可以充分发挥引领作用。通过网络专题学习、提供资料、专题讲座等，引领教师学习教育理论，帮助其树立正确的教育观念，丰富教学技能，增强把握课程教材、开发学校课程的能力。借助于论坛、博客等交流平台，教研员和教师开展网上研讨。为保证网络教研的质量，教研员作为教研活动的主持人，在活动前一定要做好充分的准备，在同步课堂教学活动研讨时，及时引导、答疑、解惑，围绕研究主题开展有针对性的讨论。

同时，教研员应是一名很好的组织者和管理者。在网络教研初期，教研员的关注和示范尤为重要。活动中，教研员要认真组织研讨的主题，发布研讨公告，组织人员参与等等，每一个环节组织得好坏直接影响到研讨活动是否深

---

① 李欣. 网络教研的优势及方式选择［J］. 学周刊，2019，3（03）.

入、参与面是否广泛等。教研员对网络教研版面的管理直接影响到教研活动的有效性和可参与性。尤其是建立了区域性教研平台的单位，教研员可利用此平台从计划到实施到总结评价，可全部利用网络教研平台进行，提高工作推进的执行力和自觉性。没有专门的教研平台，教研员也可以利用网络空间免费的博客进行教研管理。利用博客平等开放、记录翔实、查阅便捷等特点，进行网络教研管理，使网络教研的管理全面、及时、便捷。

（二）更新教师网络教研观念，提高教师教研信息素养

教师是网络教研中的主体，教师的角色意识、自我管理是有效地进行网络教研的基本要素之一。网络的开放性、交互性、共享性等特征使教师可以随意地搜索所需要的信息化课程资源、自主地选择研究者共同体、自由地支配时间上网等，较之传统教研，这种随意、自主的特性更需要教师进行自我管理，才能提高网络教研的质量。

教师在参与网络教研过程中需要查阅相关的资料时，应首先明确自己最需要哪方面的资料，然后利用网络平台的搜索功能进行精确查询，这样可以缩小查询的范围，使教师快捷地找到自己所需要的内容。当精确查询不能满足自己的需要时可选用模糊查询，扩大搜索的范围。教师应在有限的时间里努力提高教研的质量。网络研讨的机会多时，教师可以根据自己的教研情况选择相关的研讨主题。网络教研中容易与研究者共同体成员进行在线研讨，但"容易"不是"随意"，教师在研讨的过程中，应以积极的态度参与。所谓积极的态度是为研讨作充分的准备，研讨时深入思考，勇于表达自己的观点，善于通过研讨进行学习，并能在实践中内化吸收，而不是仅仅做个"潜水者"。在网络教研中，教师应寻求注重内涵的交往与合作，研讨不要浮于表面，少"灌水"，多发精华帖，尽量避免进行随意讨论，在线研讨时应突出问题意识，加强专题探讨，落实自己的教研目标。同时，教师不能一味地沉浸在网络中，远离实际的教学。网络教研问题的产生依然来自教师的实际教学，教师通过网络教研设计的方案也依然要指导现实的教学实践。因而，教师要协调好网络与现实的关系，使网络与现实之间要保持必要的张力。例如，要规划好上网的时间，不能沉溺在网络的汪洋大海中，而忽视了现实的教学实践。

培养教师的信息素养也是关键之一。网络时代，信息素养信息时代的新概念，是现代社会成员的基本生存能力。[①] 教师可通过培训、自学、上网实践、向别人请教等多种方式努力培养自己运用工具、获取信息、处理信息、生成信

---

① 杨九民，李书明．现代教育技术［M］．武汉：华中师范大学出版社，2005：47．

息、信息协作和信息免疫的能力。总的原则是在使用网络的过程中培养，即"在游泳中学会游泳"。随着信息素养的提高，教师也会逐渐体验到网络教研的神奇魅力，参与性自然也会随之增强。

网络教研的过程实际上是教师在自身与其他教师形成的教师教研共同体中共同交流、共同学习、共同成长的过程。教师要摆正自己的心态，要意识到任何人都需要终身学习，也需要随时充当学生，在网络教研的过程中，教师要乐于和其他教师合作，乐于将自己的知识和经验与他人共享，在别人批判性地接受自己知识经验的过程中，自己也能够获得成长。教师要意识到专业化水平提高的前提是学会反思，在反思中知道自己的不足，在反思中进步，在反思中成长。

（三）创设网络教研技术条件，加强教研资源平台建设

无论是课程网这样的学科网站，还是教科研中心联合建立的教研网，或者是学校建立的校园网，这些网络教研环境都是由网站建设的相关技术所支持。如网站架设、网页设计、程序设计、数据库等技术，这些技术多由专门的技术人员提供支持，在此不展开论述。综合网络教研环境，一般包括资源共享平台、信息交流平台、任务协作平台和资源搜索平台。从技术角度看，这些平台的建立可以使网络教研环境具有资源共享功能、信息交流功能、任务协作功能和资源搜索功能。拥有专门的技术部门，对于搭建这样的网络教研环境已不存在问题。如果技术力量薄弱，也可以用现有的成熟的各种交流平台来担任。例如，教师利用免费提供的电子邮件、论坛、聊天工具、博客等同样可以部分完成网络教研活动。当然，无论利用何种网络环境进行网络教研，都要保证网络畅通，如果是校园网等局域网，还必须能够连通因特网。此外，基本的硬件条件包括办公室配备电脑，安装基本常用的办公软件，配备专职网络管理人员进行定期和不定期的维护等。

良好的网络教研平台是网络教研顺利实施的保障。因而，无论是以何种方式建立的网络教研平台，都必须做好管理工作。在对资源系统进行管理时，首先，要严把质量关。有的网站为了追求海量信息，不管其质量如何盲目地将信息上传到网上，既占用了网络空间，又浪费了教师的时间。其次，内容要更新及时。长期稳定的更新与维护是网站具有持久生命力的保障。针对教师的不同需要和不同的上网时间，采取每个栏目每天至少更新一篇文章的方法，以确保教师每次上网都可以读到新的内容。再次，资源使用无障碍。有些网站在商业化的影响下，许多资源不对"游客"开放，需要以会员身份按点数下载，或付费下载，这样对教师使用资源设置了障碍。良好的教研平台应尽可能无障碍

地向教师提供所需的资源。

教研活动的成功与否，很大程度上取决于组织者的准备工作和主持活动过程中对反馈信息的敏感性，网络教研也不例外。① 网站论坛是教师进行在线研讨的园地。因而，论坛的版主应做好论坛的管理工作。除非讨论是完全非正式的，完全没有解决问题的目标。讨论的组织者，对讨论的深度、质量、交流的效果以及研究的深度，都起着非常重要的作用。此外，还应对有关技术性的问题提供支持。特别是利用语音聊天室进行研讨，教师和专家往往对这样的交流工具不熟悉，这时候更需要发挥组织者的作用。对于灌水帖、广告帖或恶意攻击的帖子等与网络教研无关的内容也应及时清除。

（四）建设网络教研亚文化，营造张弛有度的教研氛围

技术条件只是网络教研存在和发展的基础，而在此基础上形成的包括主客体关系和价值规范在内的网络文化氛围，则是决定网络教研的方向和水平的重要因素，因而不能单纯从技术角度看网络环境，而应该更多地从人们在网络社会中的实践活动的角度来看待。在网络环境中，教师群体在进行教研互动时，形成了自己的组织结构和行为规范，并在此基础上产生了特有的语言和符号、行为模式、思维模式，形成了独特的价值观念，从而形成了网络教研的亚文化。所谓"亚文化"，指仅为社会上一部分人所接受或为一社会群体特有的文化。网络教研文化是网络教研群体所特有的一种文化，它不与现实的教研文化相抵触和对立。

网络教研环境就是由技术、教研组织、价值规范及其综合而形成的亚文化所构成。只有在网络环境各组成部分的和谐作用下，网络教研才能顺利开展。在网络环境中教研，精彩的言论会得到奖励，如鲜花。在论坛、MSN 或 QQ 中都有不同的符号用于表达不同的含义，教师看到都会心领神会。网络上的教师群体基于共同的目标，会建立这个群体的宗旨和活动原则，也有解决内部冲突的方式。这些特有的语言和符号、行为模式等共同构成了网络教研的文化。这种亚文化的存在，把教师群体成员的行为纳入一定的轨道和模式，协调着他们之间的关系，使网络教研的目标得以实现，参与者的各种追求得到一定的满足。由于环境的不同，网络中的教师群体成员之间互动的深度、广度、频度与传统教研比较，都有了很大的改善。这种互动更多的是体现了一种合作与冲突的互动。在合作性的互动中，网络教研组织中的成员基于情感或利益互惠的原则进行资源的交换和援助，由于数字化网络资源的可复制性，易传输性，使这

① 金放. 浅议创新性教研模式——网络教研 [J]. 计算机产品与流通，2020 (02).

种交换和援助更容易发生，从而有效地提高教研的效率。在冲突性的互动中，网络形式多样、方便快捷的交流特性使各方意见得以充分表达，更有利于形成对教研问题的多角度的理解和解决，从而提高教研的水平。

当然，由于网络虚拟空间的作用，教师以匿名的方式进行交流，有时更容易使成员之间的冲突升级。虚拟生活中的失范现象，使一些人认为应该完全以真实世界的伦理规范来制约虚拟生活，但这实际上不可能，也没有必要。具有更大的不确定性的虚拟生活自有其价值和意义，重要的是如何建构一种网络文化氛围，使人们在虚拟与真实之间保持必要的张力。关于网络教研这种亚文化的相关范畴和特点，以及如何建构一种网络教研文化氛围，使网络教研顺利有效地开展，还有待于继续进行深入研究。

（五）完善配套网络教研制度，保障教师行使教研权利

针对当前网络教研管理的缺乏，需要制定网络教研管理的长效机制。教研活动作为学校的重要教学工作之一，纳入学校的教学工作计划，教学部门根据学校教学工作计划制定教研方案，有针对性地开展教研活动。推进教研组的建设步伐，发挥教研组成员在网上教研中的核心参与作用，通过他们的积极参与在网络教研中形成良好的研讨氛围。加强网络教研的过程管理，对开展教研活动提出前期组织和准备要求，通过各种途径及时发布更新教研活动信息，管理部门根据教师的要求组织通知到个人，保证教研信息的及时到位；活动中对参与人数、发言次数等数据进行后台数据跟踪；活动后组织者要进行及时的总结，并将总结挂到教研中心供大家分享。异步的教研主要是在 BBS 论坛中，或以博客和 QQ 等作为工具来进行。

网络教研管理的一个重要方面就是评价。要建立教研活动的评价标准，可以从网上的活跃程度，发起讨论的次数和质量，参与讨论的次数和质量，管理栏目的责任程度，网上受欢迎的程度等方面，评选优秀的教研版主、教研员。在教研版块加入反馈评价系统，加强教师对教研的反馈与评价。根据评价标准把教研效果与报酬、工作考评挂钩，建立激励机制，增强老师的责任感，调动积极性。有效的教师激励与评价机制是网络教研可持续发展与推进的制度保障。随着软硬件平台的逐渐完善，网络教研的主要障碍将从"物"的因素向"人"的因素转变，如何调动教师参与网络教研的主动性与积极性已经成为其可持续发展的重要方面。

为了有效利用网络开展教研活动，推进教师在网络环境下开展教研工作的日常化、自觉化、制度化，学校应建立以校长为组长的教育信息化领导小组和以教导主任为组长的网络教研工作实施小组，明确校长、教导主任、教研组

长、网络教研骨干与教师的工作职责，明确学校各级各类教研网络化的内容和要求，把网络教研作为教研组考核的重要指标，教师个人参与网络教研状况与教师考核挂钩。为鼓励教师积极在论坛上发表自己的观点，应每周进行最佳帖子评选，对于质量较高的一些帖子，可转到相关权威论坛上发表交流，每学期学校都要评选网络教研积极分子，以此来激发教师参加网络教研的激情。归结为一点，就是教研制度的执行和有效，其本质在于学校对于教研制度进行有效的规划。学校要实际而有效地帮助教师成长，保障教师行使网络教研权利，学校领导者就应该在建立网络教研制度方面进行规划和创新。

第四节　中小学教研信息化管理存在的问题及对策分析

一、中小学教研信息化管理存在的问题

尽管各地教学科研管理部门纷纷建立教研网，并借助网络平台，实施信息化管理，但由于这项措施刚在实施的起步阶段，因此，还存在着教育资源短缺、教育观念落后、教育投入不足、管理人员的信息素质差、管理效率低等问题。

（一）教育资源短缺

尽管我国教育网络建设正显现出蓬勃发展的良好态势，但与发达国家相比，仍有很大差距，尤其是网上教育资源的匮乏。教育资源是网络教育生存的保证，是实现中小学教学科研信息化管理的前提。目前我国网上资源似乎很丰富，但很多网站的内容彼此重复或覆盖面窄，可用资源不够丰富，连发展迅速的中小学网校，也仅仅是以提供学校课程同步教育和中小学生课外补习为主，其内容也是围绕大纲和教科书开展，或是将抽象的内容具体化，或是对类似的内容加深和拓宽，这样就不可避免地使网上的教育资源重复。

另外，信息技术教育装备过程中重硬件、轻软件的思想在各级教育行政部门领导和学校领导中普遍存在。许多地方投入的经费大都用于采购硬件设备，有的还是作为学校的形象工程，装点门面，而软件资源非常缺乏，常规教学资料在教学中的比重仍很大，根本满足不了目前的教育信息化建设的要求。购买计算机辅助教学软件的资金投入十分有限，而又没有自身的软件开发的人才。多数学校的微机室基本上是处于能简单开设一些计算机的课程而已。使教师和

学生对信息技术课没有多大兴趣。进而使原先就欠发展的信息资源建设更是无人问津，信息资源建设严重滞后。

（二）教育观念落后

教育观念的落后是教育信息化发展的主要障碍。教育决策者以及实际工作者对中小学教学科研信息化管理所持有的思想观念和眼光是制约信息化管理的进程和发展方向的一个重要因素。在许多领导者及教研人员看来，信息化管理本身并不重要，它不会给教研管理带来实质性、建设性的变革；信息化管理不值得投入大量财力和人力。对于信息化管理的这些错误的价值判断无疑正影响教育决策者和工作者对于信息化管理的态度和动力。[①] 中小学教学科研信息化管理实质上要做什么？其长远目的和深层意义是什么？应该通过怎样的途径和过程实现中小学教学科研信息化管理？广大教研员们在这些方法论意义上的认识不足很大程度上阻碍着我们国家教学科研部门发展的方向。

（三）教育投入不足

目前，网络教育已逐渐成为社会的第三大需求领域，它的建设需要大量的经费投入。当前我国中小学网络教育投资的主体不明确，中央政府的财力难以覆盖，地方政府财政力保吃饭，中西部地区的许多学校都还忙于教师工资兑现。因此很多学校的硬件配备都是靠学校"节衣缩食"挤出来的，而且规模也非常有限。硬件是基础，没有硬件，网络教育就无从谈起，学校的网络教育不畅通，那么就谈不上区域中小学教学科研信息化管理。

（四）管理人员的信息素质差，管理效率低

信息素质是人们认识、获取、创新开发、利用信息的品质和素养，包括信息意识、信息知识、信息能力、信息道德等方面。管理人员信息素质差主要表现在以下几个方面：

其一，信息意识淡薄。信息意识是指人们对各种信息的自觉心理反应。这种心理反应程度取决于三个方面的因素：第一是对信息的科学和正确的认识；第二是对自身信息需求的自我意识；第三是信息环境的刺激强度。目前，管理人员对信息的敏感性差；在思想意识上，对信息是一种重要的管理资源还缺乏理性认识；对信息的收集、加工和利用重视不够，更谈不上创造开发。

其二，信息知识匮乏。信息知识是有关信息的本质、特性、运动规律、系

---

① 苏昌凤. 关于优化中小学教学科研信息化管理的研究 [D]. 上海：华东师范大学, 2006.

统构成以及信息技术和方法等方面的基本知识，其中信息技术和信息方法是核心知识。管理人员信息知识的匮乏主要表现在信息技术和信息方法掌握不够，不懂信息技术，也不知道怎样应用信息技术，对信息技术有畏惧感，不善于用信息观点来分析和解决学校管理中出现的问题和矛盾，这样必然降低管理效率。

其三，信息能力低下。信息能力包括收集评价信息的能力、加工处理信息的能力、应用信息的能力以及传递交流和储存信息的能力。对中小学教学科研管理者来说，有区内区外信息之分，有纵向横向信息之分，有静态动态信息之分。有的中小学教学科研管理人员信息收集的范围狭窄，对收集来的大量信息筛选评价能力差，各类信息混杂，处于无序状态，缺乏系统化、条理化的加工过程，因而信息也就无法得到有效利用。

其四，传统的信息传递方式仍在管理活动中唱主角，降低了管理效率。目前，中小学教学科研管理活动中的信息传递方式主要还是传统的形式，如书信、电话、板报、橱窗等。传统的信息传递方式存在容量小、查询不便、不易保存等缺点，管理效率低是显而易见的。尽管很多地区的教科院、所、室都建立了自己的教研网，区域内的各中小学也普遍建立了自己的校园网，但网上内容贫乏且更新缓慢。有的管理人员所配备的计算机只是用来上网看看新闻，或当打字机使用；有的教研部门花巨资买来的管理软件，因管理人员不善使用而难以发挥作用。

其五，信息管理零散，没有明确得力的信息管理员。现在许多中小学教研部门依然习惯传统的教学科研工作管理模式，许多部门还没有职责明确的专职信息管理员，一般都是某学科教研员分管信息管理工作。这些兼职管理人员信息素质相对较差。信息工作缺乏规划、统筹、协调，严重影响了信息的筛选、交流和使用。

二、中小学教研信息化管理对策分析

（一）加大教学科研信息化投入力度

中小学教学科研信息化建设需要一定的财力、物力和人力来保障。必须加大对中小学教学科研信息化建设的投入力度，切实保证经费投资。要克服重设施，轻维护；重硬件，轻软件；重网络，轻资源的现象，确保教学科研信息化基础设施的正常运行、维护和升级。要充分调动各方面对教学科研信息化建设的积极性，吸引社会资金的投入。在信息设施、信息资源和信息服务运行中引入现代企业机制、市场运行机制，贯彻全方位、多渠道开展中小学教学科研信息化管理的方针，使之逐步走上良性、高效、节约的发展轨道。

（二）强化教学科研信息化建设的管理

从教育系统内部来说，教学科研信息化涉及教育教学的诸方面，既要发挥各个部门、各个方面的积极性，又有许多基础性的设施需要统筹规划、建设和加强管理。要使教学科研信息化的进程与教育信息化进程相适应，与教育的改革发展和教育现代化的进程相协调，使教学科研信息化相关的各个方面协调发展，必须加强对教学科研信息化建设的统筹管理。[①] 要加快教学科研信息化的法规建设，依法管理，规范管理，逐步建立和健全强有力的教育信息化的组织管理体系。保障中小学教学科研信息网络的高效和安全。应注意教科研管理者自身信息能力的强化，以提高整个教研网络管理水平，要对各种教学科研信息和开发的教育软件进行科学化测评、督查和调控；更重要的是要采取各种规范化的网络管理措施，如设立用户注册栏，以便在一定意义上规范交互对象的范围，既利于网络管理，也能够优化网络交互。总之，有必要建构一种科学化管理的网络规范，从而逐渐形成信息、化管理中的良好秩序。

（三）提高管理人员使用信息技术的能力

要造就一支高素质的教学科研信息化管理队伍，应该提高管理人员使用信息技术的能力。信息技术的使用能力是信息社会中每个人都必须具备的素质，但这种素质不是自发形成的，而是在社会环境的影响和教育的引导下形成的。针对管理人员信息素质低的状况，要加强管理人员的培训工作，加强宣传，提高认识，形成信息化管理意识，使之成为管理人员内在的自我需求；针对管理人员的岗位特点，要有针对性地加强信息化管理能力的训练，尤其要加强信息评价、信息处理和信息应用能力的训练。今后，对进入教科研部门各级管理岗位的人员，要进行基本信息素养的考核，不过关者不得上岗。要把信息技术的使用能力作为中小学教学科研管理相关岗位的聘任条件。

（四）加强教育信息资源的开发利用

中小学教学信息资源的开发利用是教育信息化的核心内容，也是教育信息化建设的重点，必须以现代教育思想为指导，以先进实用的技术平台为基础，切实做好规划布局，合理分工，统筹建设教育信息资源体系，避免重复浪费。制定科学的政策措施和运行机制，鼓励和确保资源共享。建设好一批教育软件

---

① 韩永梅. 基于学校管理的小学教育科研数字化建设研究 [J]. 教育现代化, 2017 (32).

的资源基地，并鼓励、吸引社会力量共同开发高质量的软件。中小学教学科研部门应注重本部门相关信息资源及软件的开发和建设，以不断优化中小学教学科研信息化管理。

加强教育信息资源的开发利用，必须充分发挥信息在中小学教学科研管理中的作用。要充分发挥信息在中小学教学科研管理中的作用，主要应抓住以下几个环节：

其一，管理信息的收集。管理信息的采集、识别是信息化管理的基础。中小学教学科研管理的信息来源主要有五类：第一类是上级教育行政部门下发的文件指示等；第二类是中小学教学科研部门内部管理活动中产生的过程信息、状态信息；第三类是国内外中小学教学科研之间相互交流的信息；第四类是根据管理工作需要，进行专题调查研究，有目的获取的信息；第五类是档案管理信息。中小学教学科研管理信息一方面可根据中小学教学科研历年来积累的档案信息，分析本部门自身的发展规律、变化趋势；另一方面，可根据社会各方面的反馈信息，对教科研部门的学科管理、教师培养计划、总体办学定位等提出调研论证意见。

其二，管理信息的加工。由于来自各种渠道的管理信息复杂多样，只有把握其内在关联，区别轻重缓急，才能发挥信息在中小学教学科研管理中的作用。管理信息的加工是信息化管理的核心内容。因此，要善于运用科学的方法对原始信息进行筛选、分类、排序、比较和综合分析，做出价值判断，使之系统化、条理化。

其三，管理信息的传递与交流。加工好的信息必须按照管理活动过程的要求及时传递到服务对象手中，同时教科院部门内外信息、纵向横向信息、静态动态信息的交流要通畅，形成管理信息流。其中，包括了科室各层次之间的纵向沟通，以及各部门、各层次之间的横向沟通。管理信息的传递与交流就是要做到上情下达，下情上报，及时把管理决策信息贯彻到各个部门，并及时将贯彻情况反馈上来，使上下左右信息渠道畅通，提高管理工作效率。传统的中小学教学科研管理信息的传递交流途径主要有文件、书刊、书面通知、报刊、电话、板报、橱窗等，现在各教科研部门都建成了教研网，各校也都建成了校园网，网络传递与交流应成为今后管理信息流通的主要形式。为了保持中小学教学科研部门内部之间以及中小学教学科研部门与各校之间信息渠道的畅通，尽量减少信息在传递、交流中的失真，应在保证信息、准确的前提下，减少中间环节，加快信息、的传递速度。各部门、学校的业务范围要划分清楚，职责要明确。信息沟通的形式要规范，包括媒体、表达方式、内容的详略、解释权归属等，以避免信息、的杂乱、含糊不清、误导等。要健全信息、传递交流的反馈机制，建立信息传递交流规程。

其四，管理信息的使用。管理信息、的使用是信息化管理的关键。管理信息的重要作用在于它的使用能转化为现实的管理成果和效益。首先，管理信息是为各级领导在管理过程中的决策服务的。科学的决策必须以全面反映客观过程的信息为依据。掌握可靠信息，情况了如指掌，才能驾驭形势，运筹自如，不失时机，正确决策。① 其次，管理信息为组织和控制管理过程提供依据和手段。决策一旦完成，必须切实地通过一系列管理活动具体地组织实施。整体管理过程或实施过程就是通过决策、计划、组织、控制这样四个功能或环节进行的。再次，管理信息为沟通中小学教学科研管理系统各方面联系充当脉络和纽带。无论什么样的管理系统，其上下、左右、内外各方面的关系都必须借助于管理信息这一"神经系统"来沟通，才能保证各层次、各单位的管理活动协调一致，否则，管理就无活力。如果缺乏有效的信息网络，就无法实现有效的科学的管理。

最后，管理信息的储存。为了有利于管理信息的长期使用、反复使用、多用途使用和对信息的检验，对于暂时不用的管理信息应该把它们储存起来，建立信息资料库，这是信息管理中一项重要的基础工作。对于准备储存的管理信息要进行分类归档。凡能建成电子档案的要按电子档案要求建档；凡可以公开的管理信息，要放到网上，便于使用时查询。总之，中小学教学科研信息化管理是教科研部门管理由传统管理模式向现代管理模式转化的历史性跨越，它不仅是管理手段的改变，更是步入信息化时代中小学教学科研管理思想和观念的变革，它将有力地促进中小学教学科研管理的规范化、科学化和现代化，促进中小学教学科研工作效率和效益的提高。

---

① 周金辉．依托网络教研平台　促进教研发展［J］．中国农村教育，2019（18）．

第七章　网络时代背景下中小学班级管理

在互联网技术高速发展的背景下，各行各业已离不开互联网的技术支撑，同样的，将网络应用于班级管理中已是一种趋势。新型的班级管理模式可显著改善学生的学习状态，提高学习积极性，使学生树立正确的人生观、世界观及价值观，促进学生的全面性发展。因此，本章就网络用于中小学班级管理中的相关问题展开讨论，并针对网络时代背景下中小学班级管理中出现的问题及应对措施进行分析探究。

第一节　信息化与中小学班级管理概述

一、信息化概述

（一）信息时代的本质

信息时代是主要依靠信息（含知识、技术等）进行生产的时代。在信息时代，信息成为重要的战略资源，是构成生产力的基本因素。美国未来学家托夫勒（A. Toffler）其《第三次浪潮》一书中认为，人类社会已走过农业革命和工业革命两个时代，经历了两次巨大浪潮的冲击；第三次浪潮——产业革命，即信息革命，相应的时代便称为信息时代，也可以称为信息革命时代。①材料、能源和信息，是现代科学技术的三大支柱。在工业时代，能源科学和材料科学得到了较大发展，而信息科学则相对落后。随着农业时代和工业时代的衰落，人类社会正在向信息时代过渡，跨进第三次浪潮文明，其社会形态是由

① ［美］阿尔温·托夫勒. 第三次浪潮［M］. 朱志焱，潘琪，译. 北京：北京三联书店，1983：76.

工业社会发展到信息社会。第三次浪潮的信息社会与前两次浪潮的农业社会和工业社会最大的区别，就是不再以体能和机械能为主，而是以智能为主。① 此后的信息时代所供给的各种电子化信息与智能化手段，使人类的脑力与智力得到了极大的扩充与延展，使人类的思维模式以及生产模式发生了全面的转变。这就为信息技术在教育中的运用打下了良好的基础。

（二）信息化的特点

1. 全球化日益加深，世界已成为地球村

信息化使人们的生活与生活方式得到了极大的改变与突破，不再受时空限制，电子信息、虚拟知识以及物流均能够在世界范围内顺畅流转，时空限制在缩小，人类活动空间在加大，地球已经成为名副其实的"地球村"，将产品当作研究案例，无论哪一种产品，其生产地均不会局限于一个区域或国家，并且一定会借助于每个国家间的密切协作，一种商品的生产地点或许会散布于很多国家或地区，充分借助于全球各国的技术以及劳动力层面的优点，这样最后出产的商品必然是世界化的商品。世界一体化是事物发展的必然趋向，其发展大大超出了经济协作的范围，对人们的生产方式与生活理念造成了极大的影响，此类状况就使教育面临着巨大的挑战。在这样的背景之下，中小学班主任管理需要进行横向联系。

2. 信息化逐步加快颠覆了传统的思维模式

信息化进程推进之快，大大超出了正常范畴，网络技术的发展对于许多传统思考方法与运营方式产生了颠覆性的改变，加快推进信息化速度已然成为全球每个国家与区域未来长久发展所需要占据的战略要地。

3. 知识经济已见端倪，知识经济以不断创新为灵魂

知识变成推动将来经济进步的关键力量。知识革新与换代持续增速，同时知识跟进的周期不断缩短。处于现今这个知识时代背景下，人资已发展为最核心的战略性资源，其中创新型人才则属于人资里最具价值的一种资源。这样竞争激烈的大环境要求教育必须在开拓意识、创新意识、进取意识等方面创新人才的培育，从根本层面应对国际上的各类挑战，且切实有效地落实创新教育。

信息化的特征对中小学班级管理工作信息化带来了有益的启示：班级管理对于中小学生的教育不能仅仅局限于一块黑板、一间教室、一所学校。在如今信息大爆炸的时代，学生学习的过程是与周围环境相互作用，逐渐建立起有关外界环境的整体认知的，自我认知架构亦获得了一定发展。由于信息繁杂，如

---

① 刘凯，杨茂川. 信息化时代背景下的室内设计发展趋势 [J]. 大众文艺，2012（10）.

何让学生在认识自我的过程中取其精华，去其糟粕则是现今中小学班级管理面临的难题。在此条件下，班级管理者通过 QQ 群、企业微信群等网络沟通工具，与家长、学生之间进行超越时间空间界限的沟通，指导家长帮助学生在浩瀚的信息里面找到适合自己自我认识的信息，这是信息时代给予家校沟通最有利的一个方面。

（三）信息化的发展趋势

随着互联网，云计算，物联网等技术的快速发展，学校信息化进入一个"跨越式"发展的阶段。在中小学的正规教育里，信息化使以教师为中心、面对面、"黑板+粉笔"等为主导的传统教学模式受到了很大的冲击。这样的转变势必会让我们的教育信息化有了新的发展。

随着互联网产品的快速发展和持续更新换代，特别是移动互联网时代的到来，基于数据联通的教育教学和班级管理成为教育部门和各级学校的强烈需求。各级信息教育部门着眼于现代信息技术与教育教学的深度融合，促进教育理念、教学模式和管理方法的深刻变革，以信息化带动教育的现代化。

不仅如此，信息化还带来大量网络数字教学的新模式，这些新的教学模式与传统的模式相比，不仅形式新颖，还引进许多新的教学理念，如强调以学生为中心，更加注重发挥学生的主观能动性等个性化的教育方式。[①] 这一系列的转变对中小学班级管理的工作提出了更高的要求，要求管理者在班级管理手段上要与时俱新，不断更新，不断适应信息时代中小学生的学习环境。

二、中小学班级管理概述

（一）中小学班级管理的主要内容

中小学班级管理涉及方方面面，烦琐复杂，如对学生学习、思想、心理、卫生、体育等方面的管理。班级管理的目标是对班级各项工作进行有效的管理，让班级朝着正确方向发展，让学生快乐健康成长。班级管理主要包括班级教学管理、班级德育管理和班级日常生活管理。[②]

1. 班级教学管理

中小学班级教学管理主要是指对学生学习的管理。因此，班主任要让学生从思想上明白学习的重要意义，教育学生养成良好的学习习惯和行为生活习

---

① 农业团 . 对高校信息化建设的若干思考［J］. 科技信息，2013（15）.
② 刘珊珊 . 中小学班级管理研究［D］. 武汉：华中师范大学，2015（06）.

惯，端正学习态度，勤奋学习。班主任要通过对学生的教学管理，让班级体形成良好的学风。

2. 班级德育管理

中小学班主任对班级管理时，还要注重对学生的思想、品德、行为等方面的教育。让班级形成良好的班风。对班级的德育管理是班级管理的主要内容。班级德育管理对于一个良好班集体的建立有着重要的作用。学生"德、智、体、美、劳"各方面只有平衡发展，学生才会成长得更加健全，也才能在长大后更好地适应社会。同时也要通过班级德育管理培养学生的爱国主义情怀，让学生懂得感恩、懂得回报，做一个品德高尚的人。

3. 班级日常生活管理

中小学班级日常生活管理是指教师按照教育目的和班级管理任务，有计划、有组织、有目的地对班级的日常生活进行科学的管理。主要包括：班干部制度、卫生制度、小组长制度、作业检查制度等等。

（二）中小学班级管理的基本特点

在班级管理中，班主任发挥着重要作用，但是班主任因为还有教学任务，很多事不能亲力亲为。所以班主任在进行班级管理时要培养班干部，让班干部成为自己的"左膀右臂"，同时也要培养中小学生的自我管理能力。只有班主任和学生共同参与班级的管理，班集体才会朝着正确的方向发展，学生也才能够朝着正确目标发展。在现阶段，由于社会的进步，物质生活的提高等多种原因的影响，中小学班级管理的特点也发生了变化，主要表现在以下几个方面。

1. 管理方式民主化

中小学班级管理民主化，主要表现在班主任与学生地位平等，班主任应让每个学生都参与到班级管理中来。班规的制定也由老师和全体学生共同要论研究制定，班规面前人人平等。民主管理，引导学生进行自我管理。

2. 学生主体个性化

每个孩子都有自己的个性，每个孩子的个性都不相同，因此班主任在进行班级管理时，一定要了解班上每一个学生的个性特点，尊重学生的个性差异。根据每个学生的特性，因材施教。

3. 教育方式差异化

每个学生的遗传因素不同，生活环境不同、生活经历也不同，所以每个学生都有着不同的身心素质，爱好、特长和不足也都不相同。因此，班主任要根据学生的差别，运用不同的教育方式、方法，因材施"管"、因材施"教"，让每个学生都能健康成长。

（三）中小学班级管理的功能和目的

1. 中小学班级管理的功能

（1）有助于实现教学目标，提高学习效率

有效的班级管理可以将各种教育教学要素有机地结合起来，促进教育教学活动的顺利开展，从而帮助教师更好、更快地实现教学目标。[①] 同时，学生也因此获得良好的学习环境和学习氛围，形成良好的学习习惯，从而有效地提高学习的效率。

（2）有助于维持班级秩序，形成良好班风

良好的学习环境不仅可以规范学生的学习行为，调节学生的心境，而且可以使学生有强烈的归属感，激发学生关心集体和为集体负责的意识，从而使学生愿意并努力使自己成为对集体有所贡献的一员，在集体中追求个人的发展，由此可以形成良好的班级秩序和班风，周而复始，从而形成良性循环。

（3）有助于锻炼学生能力，学会自治自理

班级管理的重要功能就是不但要帮助学生成为学习自主、生活自理、工作自治的人，而且要帮助学生进行社会角色的学习，获得认识社会、适应社会的能力，而这些对于促进学生的人格成长是极其重要的。

2. 中小学班级管理的目的

班级管理是一种有目的、有计划、有步骤的社会活动，这一活动的根本目的是实现教育目的，使学生得到充分的、全面的发展。班级管理的对象是班级中各种管理资源，而主要对象是学生，班级管理主要是对学生的管理；班级管理的主要手段有计划、组织、协调和控制；班级管理是一种组织活动过程，它体现了教师与学生之间的双向活动，是一种互动的关系。

（四）中小学班级管理的原则

1. 方向性原则

方向性原则是指班级管理工作必须坚持的正确的方向，用正确的思想引导学生。[②] 这是班级工作受社会政治、经济制约的客观规律的反映，也是我国社会主义教育的性质、目的、任务及其特点所决定的。只有贯彻方向性原则，班级工作才能确立正确的目标，班级的各科任课教师和学生才能有向心力、凝聚力班级工作要坚持思想领先，即班级管理工作一开始就要重视思想工作和思想

① 雷萍 . 教育学 [M]. 昆明：云南人民出版社，2012：136.

② 孔繁成，周铁民 . 教育教学知识与能力 [M]. 大连：辽宁师范大学出版社，2015：146.

政治教育，而且要贯穿于工作的全过程。

2. 全面管理原则

学生管理与一般管理活动相比有其独特性，它要实现全体学生德、智、体、美全面发展的教育目标。因此学生管理必须面向全体，从整体着眼。[①] 这是学生管理的主要特征，也是所有班级管理者应该充分认识的。班级管理过程中要始终坚持学生全面发展，并且要把所有学生作为管理对象，一视同仁，兼顾全局。这里的全面发展，不仅不排斥个性发展，而且是以每个人的自由发展为条件的，这就是全面管理原则。

3. 自主参与原则

自主参与原则是指班级成员参与管理，发挥其主体作用。[②] 现在的学生自主意识较强，他们是班级的被管理者，也是管理者，一旦他们真正参与管理，班级管理效率将成倍提高，班级的发展将获得强大的原动力。贯彻该原则时主要注意以下几点：

（1）管理者要增强民主意识，切实保障学生主人翁的地位和权利；

（2）必须及时采纳学生的正确意见，接受学生的监督，不搞一言堂，切忌家长作风；

（3）发展和完善学生的各种组织，逐步扩大班委会等组织的权限；

（4）努力创造一种民主气氛，为学生行使民主权利提供机会，创造条件。需要注意的是，班级的各种组织机构的干部成员都应该由学生民主选举产生，并授予他们进行管理的权利，不能随便干预。当他们遇到困难时，要帮助解决，但不要代替。这也就是我们通常所说的"班干部能做的班主任不做，学生能做的班干部不做"。

4. 教管结合原则

教管结合原则是指把班级的教育工作和对班级的管理工作辩证统一起来。具体来说，就是班级管理者对学生既要坚持正面引导，耐心教育，又要凭借必要的规章制度要求学生，约束其行为，实行严格的教育管理。[③] 贯彻该原则时要注意以下几点：

（1）管理者要用科学的道理和正面的事例对学生进行启发诱导，调动其接受教育的内部动力，使他们在思想、品德、学业、生活等方面沿着正确的方向发展；

---

① 孔繁成，周铁民. 教育教学知识与能力 [M]. 大连：辽宁师范大学出版社，2015：146.
② 张典兵. 班主任与班级管理 [M]. 徐州：中国矿业大学出版社，2018：19.
③ 王家洋. 当代教育 2009 第 3 册 [M]. 成都：西南交通大学出版社，2009：24.

（2）管理者要引导学生制定必要的规章制度，并认真执行，及时总结，进行评比。

5. 全员激励原则

所谓全员激励，是指激励全班每个学生，充分发挥他们的智力、体力等各方面的潜能，实现个体目标和班级总目标。[①] 贯彻该原则时要注意以下几点：

（1）要求班级管理者公正无私，一视同仁，用同样的情感和尺度对待每个学生；

（2）要善于用适当的班级目标激励所有成员；

（3）要经常运用各种激励的教育方法。

6. 平行管理原则

在班级中，除了师生之间的垂直关系外，还有同学之间的平行关系。所谓平行管理原则，是指管理者既通过对集体的管理去间接影响个人，又通过对个人的直接管理去影响集体，从而把对集体和个人的管理结合起来，以收到更好的管理效果。[②] 贯彻该原则时要注意以下几点：

（1）要组织、建立好的班集体；

（2）要善于发挥班集体的教育作用；

（3）要加强个别教育。

除此之外，班级管理还要坚持民主性原则和高效性原则。

三、信息化对中小学班级管理的影响

信息技术极大地拓宽了中小学生的学习视野与认知水平，在以其丰富多彩的内容给中小学生教育管理带来积极影响的同时，也带来诸多不利因素。

（一）信息化对中小学班级管理的积极影响

1. 激发了学生学习兴趣

当前，随着中小学现代化教学设备逐步更新，新时代中小学教师对信息化教学技术与教学理念的有了越来越深的认识和掌握，从而促使中小学课堂教育和教学模式得以丰富和发展；就其实际表现不再是局限于使用简单直白的粉笔、黑板和模型教具，而是运用了信息技术所呈现出来的图片、影音教学内容；同时集广泛的师生参与互动等教学形式。从一定程度上避免了传统教学内容和模式的枯燥乏味，增强了中小学生在课堂上的学习兴趣和参与课堂教育活

[①] 王家洋. 当代教育　2009　第 3 册［M］. 成都：西南交通大学出版社，2009：24.

[②] 魏景滋. 构建和谐幸福的班集体［M］. 长春：吉林人民出版社，2017：277.

动的积极性。

2. 拓展了学生学习空间

当前的中小学教育管理和课堂教学，随着信息技术的广泛应用，特别是教师与学生，学校与家长之间建立了不断完善新媒体的交流平台，使得学校、教师对学生的教育行为不再局限于学生校内上学时间范围内。通过"校信通""家校通"、微信群等新媒体交流工具，教师能够在学生课余时间进行必要的辅导、咨询，从而拓宽了中小学生接受教育的学习空间。

3. 开拓了学生学习视野

信息化背景下的互联网拥有规模庞大的各类教学及学习资源与信息。通过教师指导，中小学生得以借助于电脑及手机等新媒体工具，轻易获取具有延伸性和补充性的学习资源，他们的学习视野不再被限制于课堂教学所呈现的基础内容，增强了中小学生的学习积极性和主动性，提高了课堂教育教学质量和效果。[①]

4. 提高了班级管理实效

随着信息技术的持续发展，中小学班主任教师可以借助电脑或手机来搜集与整理一部分教育资料，节省了班主任的大量时间。"QQ 群、微信等新媒体手段可以将班级管理的事项做出详细、明确的记录，这些工具给班主任教师的工作开展提供了可以查找、追溯的文件依据，大大提高了中小学班级管理的实效性。"[②] 可以看出高效，新媒体背景下，中小学班主任教师的管理工作能够变得较为直接、有效，很大程度上减轻了班主任的管理压力，大大提高了班主任的工作实效，增进了师生交流。

信息化背景下，中小学班主任教师与学生之间具有了许多形式新颖的交流媒介，改变了原有师生之间直面对方进行交流的既有模式，可以在很大程度上降低了学生在与教师交流时的顾忌因素。不管学生是外向乐观性格，还是内心胆怯、害怕，都能够利用新媒体交流手段与班主任进行多样交流，尽情向老师吐露自己内心的真正观点和想法。这样的沟通交流方式，也让班主任老师准确全面地掌握了学生的心理和思想动态，有助于教师根据学生实际情况，开展因材施教，能够精准关心到每一名学生的学习和生活情况，促进其健康全面发展。不仅如此，利用新媒体平台还可以促进班主任教师与学生家长之间的深入交流，就学生教育培养交换相互之间的体会，也可以广泛征集家长对于班级工作开展的有益意见和建议，实现家校联合，共同促进学生发展提高。

---

① 孙萍. 新媒体背景下小学班级管理问题研究 [D]. 石家庄：河北师范大学，2018.

② 周吉梅. 关于中小学班级管理的思考 [J]. 文教资料，2011 (06).

（二）信息化对中小学班级管理的消极影响

信息技术是一把"双刃剑"，在带来诸多好处的同时，也给正值成长时期的中小学生带来不利影响，中小学生由于生理与心理上尚未成熟，自我鉴别判断能力较差，难免会致使其沉迷于网络新媒体的虚拟世界。[①]

1. 不利于中小学生正常学习

中小学生的主要任务是学习基础知识，为后续学习和工作打下基础。但是如果他们在学习阶段过渡沉溺在手机、电脑新媒体当中，将大量的学习时间浪费在了手机游戏、娱乐休闲上，就会适得其反了。这样的情况一旦出现，就会致使中小学生对课本学习形式产生不良的厌烦思想。更有甚者，个别自控能力不足的学生，很有可能在教师和家长监管的空档期，沉迷于网络游戏之中，最终难以从中自拔，耽误了学业发展。

2. 不利于中小学生身体发育

处于身体发育阶段的中小学生，如果过多沉溺于新媒体虚拟环境中，而外出参加户外锻炼和活动的时间就必然会相对减少，有的中小学生甚至基本不做户外运动，那么，长时间久居室内，就会因缺乏体育锻炼而出现身体肥胖、视力下降、免疫能力降低，甚至于提早出现颈椎、腰椎疾病等问题。这些因新媒体而带来的学生发育和成长问题是不容忽视的，不能因为信息技术的应用而致使中小学生的健康成长发育受到影响。

3. 不利于中小学生人际交流

处于社会认知交际意识不断增长阶段的中小学生，如果过多沉溺于信息化所带来的虚拟环境中，就会形成依赖于电脑、手机的不良习惯，长时间独自一人面对网络新媒体世界制造的虚拟世界，而非更多地走出去与同学、朋友、老师交流沟通，就容易造成因缺乏与人沟通协作能力养成，出现心理自闭和交际沟通困难，更严重的甚至会给中小学生带来精神与心理上的严重问题。

4. 不利于中小学生心智发展

信息资源是复杂多样的，各类信息资源都会以不同形式呈现在中小学生的视野里，特别是游戏类资源吸引着中小学生参与其中，游戏中有时会渗透暴力、色情等不良内容，还有一些消极负面思想也会对缺乏鉴别自控能力的中小学生产生不利影响，不利于中小学生心智正常发展，进而影响其人生观、世界观和价值观形成和确立。

---

① 张世全. 中小学班级管理工作特点浅析 [J]. 中国科教创新导刊, 2011（06）.

四、信息化背景下中小学班级管理的挑战与趋势

(一) 信息化背景下中小学班级管理面临的挑战

1. 网络信息的复杂性对学生思想教育提出了挑战

传统班级管理中，学生接收信息的渠道单一、内容简单，班主任进行思想的手段也比较简单，学生的接受度较高。但是进入信息时代后，学生接受信息的渠道增多，内容变得极为复杂，传统班级管理中的思想教育已经不能适应现阶段学生的思想变化了。

网络信息内容纷繁复杂，且这些信息没有经过加工筛选就直接呈现给了中小学生。所以，不良信息也会直接就会影响中小学生的思想和行为。笔者在进行班级管理时，发现部分学生与同学发生矛盾就喜欢直接动手对付同学，问其原因，学生说是在手机里的一款游戏中学到的。从这个角度讲，中小学生的思维中会充斥一些不良因素，在生活中遇事不能冷静处理，就想着动手解决，不懂得面对面沟通交流的方法。

另外，网络上的信息一般都是直接呈现，中小学生在浏览信息时习惯于不加思索地浏览，限于年龄特点，中小学生不会去思考分辨信息的好与坏、对与错，他们就会对所有信息一并接受。这样会使他们思想懈怠，不会边读边思考问题，不主动分辨是非，阻碍了中小学生学会思考、主动思考的学习习惯培养。笔者在班级管理中发现，很多学生写家庭作业时不会或者说是根本就不想思考，直接到网络上搜寻答案，写作文到网络上照抄照搬。一旦班主任没有及时制止，这种不好的学习风气就会在班级蔓延，给班级管理带来了不良的影响。

2. 教育设施、资源的丰富为班级管理带来了新的挑战

以往大部分教师仅凭教科书、粉笔、黑板等简单教学辅助工具，就可以执教，而拥有当代先进互联网整合教学辅助设施的学校极其有限。目前，绝大多数中小学都建立了校园网，完成了"各校相互连通"建设，为各学校构建了通畅的信息科技大环境。利用当代先进的互联网科技，可以让管理资源更加丰富，可以将多种管理资源借助于互联网与多媒体技术实现了数字化转变。这样一来班主任的教育环境会产生全面的变化，给班级管理的方式带来了革新。

3. 班级管理中班主任的主体地位受到冲击

信息技术手段进入中小学班级管理中，改变了传统班级管理的形式，班主任的作用从知识的传递者、灌输者变为学生自主管理的帮助者、促进者、设计

者和引导者。① 在传统的班级管理中，班主任往往是全部资源的拥有者，在班级管理中处于绝对的主体地位。但随着教育信息化程度的不断加深，学生不再是一味地被动接受知识，而是成为接受知识的主体，进行自主学习。因此在信息化的班级管理中，班主任不再高高在上，不再一言九鼎，学生的思想言行更为自由，很有可能为班级管理工作增添许多新的内容。

（二）信息化背景下中小学班级管理的发展趋势

1. 中小学班级管理的价值重心转向"以人为本"

尊重学生的个性，鼓励针对不同的学生，培养学生的特长。在国家和社会宏大的教育体系中，学生处于比较弱势的位置。在传统教育模式下，为了教育管理的方便，学校往往倾向于用统一的标准来教育和管理学生，在一定程度上扼杀了学生个性的发展。在这种教育模式下，学校往往教育出一批具有相似知识结构，相似能力，甚至同样思想认识的学生。但是信息时代的发展，教育突破空间和时间的界限，赋予了学生更多的自由，这个时候就要求教育模式适应信息化发展的要求，鼓励和保护学生个性化发展。所以，现代学校教育的价值重心正在向"以人为本"转移，尊重学生个性，注重培养学生特长，赋予学生更多的主体创造性。现代化的教育，要充分利用信息技术，针对不同类别、不同个性的学生进行"因材施教"。

2. 中小学班级管理的基本目标转向"提高学生的自学能力"

鼓励学生自主学习，自主充电，以适应时代快速发展的需要。教育的基本目标，应在于教会学生如何快速适应社会的发展。在信息时代，知识呈爆炸性增长，学生接触的知识越来越广，时代飞速发展，知识更新速度越来越快，这些都要求学生不断扩充知识面，断更新、充实自己的知识，以跟上时代发展的步伐。传统教育下，学校能传授给学生的知识十分有限，且知识更新相对滞后，学校也更关注提高学生的应试能力和升学率。显然，这无法适应信息时代对学生发展的要求。在信息时代，学校教育应更为关注教会学生自主获取新知识的本领，授人以鱼不如授人以渔，借助信息化手段，提高学生自主学习的能力。②

3. 中小学班级管理的效率提到进一步提高

步入信息社会之后，信息技术同班级管理工作的相互融合使班级管理工作

① 何伏刚，杨文婷，杨南应."一对一"网络班级管理的问题和挑战 [J]. 现代中小学教育，2014，30（07）.

② 王薇. 小学班级管理信息化的探索 [D]. 武汉：华中师范大学，2019.

效率得到了极大提高。班级管理工作作为一种相对复杂且琐碎的工作，这里面仅仅收集和归纳德育教学内容以及将相关学生资料进行留存备档等一系列事项就占据了班主任许多时间，而当代先进的互联网信息技术的大量使用正好解决了这种困难，使整个过程化繁为简。

第二节　网络环境下中小学班级管理与传统条件下中小学班级管理的异同

一、网络环境下中小学班级管理与传统条件下中小学班级管理的共同之处

在中小学班主任的教育管理实践活动中，其实无论是否具备现代化的网络环境，是否拥有方便快捷的现代网络通信终端和交流工具，从事中小学班级的教育管理、承担班级教育管理重任的都是班主任教师，班主任主要的工作对象也都是正在进行中小学教育的学生及其家长，从事这些教育管理工作的最终目的也是帮助中小学阶段的学生增长知识和才干。

（一）教育管理的主导相同

一直以来，学界都在强调素质教育背景下要实现学生在教育管理活动中的主导地位。但是，从现实的中小学教育管理实践来看，无论是从知识能力、身心发育水平还是当前应试教育的大环境等主客观条件，当前我国的中小学班级教育管理方式，依然不能摆脱长久以来传统的以教师为主导的教育管理模式。在日常的教育管理活动中，作为成年人的中小学班主任教师仍然是发起和组织班级教育管理活动的主要角色，在他的带领下，中小学班级的全体成员才能团结一致，主动实现既定的教育目标。因此，无论是网络环境还是传统条件下，无论教师选择什么样的教育管理方式、利用何种教育管理工具，班主任教师在中小学班级教育管理活动中的主导地位依然不会改变。

（二）教育管理活动的主要对象相同

在当前中小学教育管理的实践中，起主导作用的班主任教师，无论是在课堂知识教学，正确的世界观、人生观和价值观的引导和树立，还是日常学习生活习惯的养成，各方面面对的都是正在成长和发育阶段的中小学生。此外，班

主任教师不论是通过家长会、电话或者网络，与家长进行越来越密切联系和沟通的主要目的，也是围绕教育管理的对象——中小学生。

(三) 教育管理目标相同

不论是在传统条件下的言传身教还是在网络环境下利用方便快捷各种沟通和教育手段，现代中小学班主任工作的主要指向都是为了更好地与学生进行良好的、高质量的交流与互动，班主任教师只有在尽可能多的沟通中才能够发现学生在学习和生活中出现的各种情况和问题，才能够的有针对性在家长的积极配合下，对学生给予有效的指导和教育。因此，作为小教育管理活动凭借的工具，无论是采用传统条件还是网络工具，班主任教师开展教育管理活动的目标都是一致的，即培养学生养成良好学习和生活习惯，培育学生成人成才。

(四) 教育管理内容有重合处

不论是在传统条件下还是在网络环境中，中小学班主任教师都要备课、收集和记录学生日常生活和学习的信息，都要通过以语言表达为主的日常教学活动实现对学生的教育过程。[1] 两者凭借和利用的教育资源基本上都是一致的，后者是在前者基础上进一步的发展和完善。但归根结底也都需通过班主任教师主动的积累、整合和利用自身已经具备的各种教育教学资源实施教育管理行为。

二、网络环境下中小学班级管理与传统条件下中小学班级管理的不同之处

(一) 教育管理方式有区别

传统条件下的中小学班主任教育管理活动，更多地以师生或教师与家长直接面对面形式开展的，以语言交流为主要方式。而在网络环境中，由于各种形式的交流工具的应用，教师与学生及其家长进行沟通可以是异地的、非面对面的形式，除了语言作为沟通的方式之一外，文字、图片、表情等各种学生更易喜欢和接受的信息表达和传递方式，越来越多地成为网络环境下教育管理的方式。

(二) 教育管理方法不尽相同

传统条件下，由于客观条件的限制，班主任实施教育管理行为更多会使用

---

① 金俊杰. 网络环境下小学班级管理问题及对策研究 [D]. 呼和浩特：内蒙古师范大学，2013.

说服教育的方式。由于使用相对抽象的说教方式，容易引起学生的思想疲劳和反感。而在网络环境下，班主任教师可以利用丰富多彩、健康向上的网络信息资源，通过图片展示、视频播放、甚至通过网络直接联系正面榜样、反面典型现身说法等形式，向学生进行全方位、立体生动的展示、演示，让学生自发自觉的体悟其中的道理，从而促成其自身形成自我教育管理的内生动力。

（三）教育管理实效性存在差异

从现实情况来看，传统条件下对学生班主任以面对面的、说服教育的教育和管理方式，对学生的影响效果不尽如人意。当前，在获取信息十分便利的网络时代，学生通过网络媒体得到的各种知识和信息并不一定比教师少。班主任教师单纯地想要通过简单说教影响和改变学生思想较为困难。而在网络环境下，班主任教师可以充分利用网络多媒体教育教学手段，以声音、图像和视频的形式，从不同视角和正反两方面典型向学生宣传和展示教育内容。丰富多彩具有吸引力的教育内容，自然会博得学生的主动关心和关注，在教师的引导和启发下，学生自己会得到正确的、积极的结论从而实现学生的自我对照监督和纠正。

第三节　网络时代背景下中小学班级管理存在的问题及其原因

一、网络时代背景下中小学班级管理存在的问题

网络环境下的中小学班级管理属于一种更加开放、迅捷、多样的管理模式，为中小学班主任实施班级管理活动提供了新渠道和新课题，也必然会随着技术演变产生出更为有效的实施办法。但是，网络时代的中小学生班级管理也面临着诸多障碍性问题的制约，主要表现在管理理念滞后、管理压力加大、管理方式单调以及在学生思想政治教育工作等方面的压力和考验。

（一）管理理念滞后

中小学班主任教师在接受网络教育集中培训上是存在严重不足的。这一问题首先会造成班主任教师教育管理理念的相对滞后，不能够及时跟进教育管理形势的变化而获得相应的进步。部分中小学班主任在管理理念、观念上存在着认识滞后。

中小学班主任教师是班级管理的行为主体，其管理理念与经验严重制约着班级的管理成效。个别教师甚至不能够适应网络管理模式的发展趋势，在网络班级管理创新上主动性、主导性严重不足，不能够很好地运用网络满足中小学生的教育需求和认知需求。

网络背景下，中小学班级管理模式更加强调学生主体地位，这也是一部分中小学班主任教师所不能很好适应的。当然，究其原因在于很多中小学班主任老师，都是长期深受传统管理模式的影响，致使他们在网络环境下仍在沿用传统管理理念。"特别是一些年龄较大、工龄较长、经验丰富的老教师，在面对网络带来的管理理念变革时，更显得难以适应。"[①]，所以说，网络背景下，教师管理理念的相对滞后是制约班级教育管理创新的首要因素，这必然会导致班主任在班级管理过程中，面临这样和那样的问题。

（二）管理压力较大

中小学班级管理任务是较为烦琐、复杂的。一方面，中小学班主任需要承担自身的课堂教学工作，另一方面，也要对班级管理工作全权负责。

众所周知，中小学是学生基础知识和基本观念形成的关键时期，每个学生都有自身在个人禀赋等方面的特点。有听话的学生，也有叛逆的学生；有活泼外向的学生，也有沉闷内向的学生，等等。"这就需要班主任能根据学生的自身特点，制定有针对性的班级管理制度。"[②] 因此，班主任教师要考虑的因素是多方面的，其有限的工作精力要投入到每一个中小学生的管理中去，压力沉重是必然的。不仅如此，网络在给学生管理带来便捷的同时，也给教师的管理造成了一定的压力。网络因其自由、便利不受时空限制，很大程度上也影响到了中小学生的学习精力。这对教师教学目标的实现造成了干扰。因此，班主任教师也需要将中小学生的注意力适度地从电子屏幕上带回至课堂黑板前，这些都成为网络背景下中小学班级管理必须要慎重考虑和稳妥处理的事情。

（三）管理方式依然以沟通为主

中小学主任教师教育、管理行为，主要以语言交流形式实现与学生家长间的沟通。除了日常的教学工作之外，班主任教师通常以语言为主要形式实现对班级及学生的教育管理行为。例如，班主任对学生认真完成学习任务的要求、对认真遵守各项纪律的要求、对正确处理同学间相互关系的要求，以及对校园

---

① 黄妙霞.注重情感教育推进班级管理 [J].中中小学德育，2011 (07).
② 王万顺.新课程理念下的中小学班级管理 [J].赤子 (上中旬)，2014 (19).

内外安全问题的强调，对表现优秀的表扬、对表现不好同学的批评，与家长就学生的教育进行沟通，等等。班主任老师无不是以语言作为主要形式向学生及其家长进行传达、实现教育和管理行为的。

由于教师在中小学班级教育管理活动的主导性地位，无论班主任面向学生提出学习、生活方面的有关要求，还是面向家长提出的有关教育管理建议，学生及其家长往往只有被动地接受和遵守教师的要求和建议。这种具有单向性的沟通方式，班主任很自然的会成为教育管理活动中"发号施令"的主角，学生及家长只能作为"言听计从"的配角，很容易形成师生间及教师与家长间地位的不对等关系。

教师与学生、家长间主要以语言对话为主的教育管理活动，容易受到沟通双方心理状态、情绪的干扰和影响。在对话双方法情绪不佳、心情不好时，特别在面对正在处于或接近性格叛逆期的学生时，在以语言交流为主的教育管理活动的实施过程中，会出现某一方甚至是双方语言上的摩擦。特别是具有逆反心理的中小学高年级学生甚至会直接公然反对、反驳和抗班主任的教导和管理的现象。

以语言沟通为主要形式的中小学班级管理方式，在沟通双方的面部表情、肢体动作的配合下，沟通双方之间的更易于开展感情的交流，因而使得班主任的教学管理活动具有较强的人情味。如教师通过书信、批改学生作业的评语与学生及其家长进行沟通和交流，使用简短的作业评语对学生的作业状况甚至是近期表现进行评价，学生通过对教师评语的回应形成与教师间的互动，从而进一步增进师生间的感情。①

（四）思政教育不足

思想政治教育属于中小学班级管理的重要组成部分，为中小学生树立正确合理"三观"具有积极的影响。网络对于中小学班级管理而言，既有积极的一面，也有消极的一面。网络技术在人们营造了共享、轻松、便捷的网络环境的同时，同样不可避免地会出现诸多色情、暴力等不良信息，对身体心理发育不成熟的中小学生极易造成负面的影响，摧残学生的身心健康。

在网络环境中，班主任教师要主动引导学生形成正确的人生观、世界观和价值观。不可避免的是，网络信息中夹杂着游戏、暴力、色情等负面资源，这些不良信息会对中小学生的身心发育成熟产生严重的损害。中小学班主任教师

---

① 金俊杰. 网络环境下中小学班级管理问题及对策研究［D］. 呼和浩特：内蒙古师范大学，2013.

必须要提早及时加以正确的引导干预，坚决避免诱发各类问题发生在学生身上。如此得出，网络背景下，加强中小学生的思想政治教育工作力度尤为关键。同时，对于中小学班主任而言，积极帮助引导中小学生树立正确的"三观"，是其工作内容的重中之重。从这个意义上来看，网络背景下的中小学思想政治教育任重道远。"在中小学班级管理中，思想政治教育不能松懈，网络价值观的正确引导不能放松。在运用网络技术管理班级时，班主任对于学生的观念引导和思想教育责无旁贷。"①

二、网络时代背景下中小学班级管理问题成因

(一) 班主任的班级管理信息化观念落后

我国素质教育改革的大幕早已拉开，但目前的实际情况是，学校的素质教育还没有得到根本层面上的贯彻落实，这很大程度上是因为传统应试教育理念根深蒂固。对中小学班级管理的主要实施者班主任来说，其工作较为细碎，承担的压力也较大。要对中小学生的学习习惯与生活习惯投注大量注意力，同时也不可以忽略中小学生身心的健康发展，安全问题更是挂在每个班主任头上的一把利剑，可以说，班主任对中小学生肩负着全方面照顾的责任。

此外，学校要求中小学班主任参加各种与学科相关的竞赛（技能比武、论文评比、公开课等）和专业技术评估（绩效、职称、竞聘、迎检等）等事项，加剧了让中小学班主任的压力。故而大多数班主任基本上每天都处于疲于处理各式各样的班级管理琐事，整体工作效率普遍较低。

即使是这样，中小学班主任依然很难用先进的信息技术来帮助他们实施班级管理，主要原因是由于在他们未完全了解信息技术的时候，总是先入为主地认为信息技术不会有任何帮助，还会带来一系列的烦恼。这是人之常情，面对未知的事物总是显得比较排斥。

与此同时，网络信息技术和网络教学并没有得到最大限度地运用，导致这种现象产生的根本原因是班主任理念没有实时更新、缺少在网络教育和信息技术上的认知等。

此外，传统的教育模式里一旦涉及学生上网的优劣性，家长、老师中基本上都会持反对意见，觉得孩子尽可能不要接触网络，上网与聊天、打游戏等画等号，会对学习造成极大影响，若是产生"网瘾"就会更加让人担心，会生成一种人生会被毁掉的认知。而"网瘾"少年的逐渐涌现，使一些老师基本

---

① 周均艳. 网络环境下中小学班级管理的问题及对策探究 [J]. 学周刊, 2017 (30).

上不会谈起"网"。

(二) 中小学班主任的信息化素养不高

中小学班级管理信息化，要求班级管理的主要实施者班主任有着较强的信息化素养，能够熟练掌握和使用各种信息技术手段。但是由于教师层次水平不一，对信息化技术手段接受程度各异，造成在了实际班级管理中信息技术的使用存在差异。此外，由于部分班主任对自己的信息技能没有十足的把握，再加上操作不当，使得这部分班主任在使用信息化时缺乏主动性，无法感受信息化技术为班级管理带来的好处，这就容易出现在信息化环境中进行传统模式班级管理的现象。

同时，在对班主任进行信息技术的专项培训中，存在着简单重复的现象，参训者在培训后普遍感到收获不大，也有班主任觉得培训的内容与自己实际工作不相关，经常局限于一些零散的基本操作等知识。这导致培训的针对性不强，没有很好地突出信息技术的实用性。中小学班主任在自己的班级管理工作中，往往停留于制作 PPT、设置简单动画等使用层次，难以达到多软件融合应用层次，更不能达到随时调用信息技术手段的深度整合层次。

(三) 班级管理工作信息化缺乏制度保证

目前，中小学信息技术的实施一直缺乏比较有效的监管机制，各教育管理部门也没有颁布硬性考核指标来要求学校完成，班级管理的实施者班主任信息化工作的动力不足。这首先需要学校高层格外关注此项工作，同时主动贯彻落实到工作中，不然教育信息化建设便会流于形式。

在日常教育教学工作中，中小学班级管理如果要实现工作信息化，需要班主任投入更多的时间和精力来使用信息化资源，这无疑给本就琐事繁多的中小学班主任增加了工作负担。在传统应试教育以"分数"为指向标的考核制度不变的情况下，班主任没有更多的精力、更积极的态度来对教育方法进行创新，还是会维持原有的方式来进行。他们会觉得此种方式更加省时省力，会回避各种与信息技术有关的工作，或者将相关工作交给信息老师来处理。因此，有效的监管机制、合适的考核制度会激发中小学班主任工作的信息化热情，使用信息技术来实现更高效的班级管理。

（四）教育经费投入不足影响信息化的有效实施

我国现行义务教育投资体制是由地方政府负责管理的分散型义务教育投资体制①。这种体制对于调动地方各级政府的办学积极性，深化教育体制改革，促进义务教育的发展，都具有一定的积极意义。但是，把发展基础教育的责任交给地方、实行基础教育由地方负责分级管理的原则），也使教育经费的投入受地方财政收入的影响加大。这样，地区经济发展的不平衡性必然导致各地区教育经费投入呈现出不均衡的格局。一般来说，经济发达的地区，对教育的投入也多，那么信息化的班级管理可以使用的硬件设备就更加充裕，可以更好地将信息化融入班级管理中去。然而在经济欠发达，特别是乡村贫困地区，对教育的投入较少，那么会极大地影响中小学班级管理的信息化实施。②

第四节　网络时代背景下完善中小学班级管理的有效对策

网络时代背景下小学班级管理存在的问题，给我们当代中小学班主任提出了较高的要求，中小学不仅要在学校、课堂更好地利用网络信息工具、挑选有益于中小学生身心健康的资源，对学生进行有效的教育管理，更要求中小学班主任要在课余、课后时间积极主动关心和爱护学生，了解学生的心理，善于疏导，增强学生明辨是非的能力，给学生以切实有效的正确指导。

一、中小学班主任教师要与时俱进，不断学习和完善自身

网络环境下，面对层出不穷的各种新的技术手段、新的教育理念、新思想、新事物的社会现实，对中小学班主任的各方面素质要求更多。③ 在现实的教育管理实践中，中小学班主任要不断更新班级管理理念，积极适应新的形势，要进一步提高电脑及网络的应用水平，熟练掌握新形式的传达、沟通和管理手段。网络和信息技术环境越来越普及的形势下，要求教师要有以电脑技术为基础的较高的综合素质水平，教师特别是班主任，除了必须会使用电脑进行

---

① 黄家泉，邵国良，罗海丰，吴开俊. 我国地区经济发展不平衡对教育的影响 [J]. 广州大学学报，2000（02）.

② 王薇. 小学班级管理信息化的探索 [D]. 武汉：华中师范大学，2019.

③ 金俊杰. 网络环境下小学班级管理问题及对策研究 [D]. 呼和浩特：内蒙古师范大学，2013.

PPT 课件制作、网络备课、网络教学等常规教学工作外，还需掌握诸如 QQ、微信、微博等现代网络通信工具的使用。前者是国家对教师上岗的基本要求，通过职称计算机能力考试已经进行了要求，而后者则应该通过兴趣、爱好自发、自觉的开展和钻研。

中小学班主任教师要善于发现和弥补新技术、新管理模式下的不足与缺点。新环境下的中小学班主任教师需要思考和研究，在新的形势和发达的网络和信息技术环境里，如何应对不直接接触学生，实现与家长共同教育管理学生的目标。当然，前述的各种方法和模式，必须是在学生及其家长相关的网络终端设备（如电脑、手机）必备并且积极主动配合教师开展一系列的活动的前提下，才能有效开展起来。并且，通过通讯媒介的间接管理仅仅是来弥补面对面的管理中的不足，现阶段下，仍是以面对面管理为主要形式。同时要尽力克服网络和信息技术环境下教师管理力度不及传统模式等方面问题。

二、把握网络特点和学生心理，拓宽教育路径

（一）善于通过网络工具加强师生交流，密切师生关系

用 QQ 或微信等网络交流工作，可以打破班主任工作的时空界限，只要师生双方都装配了网络通信的客户终端，就可以实现随时交流。即沟通双方没能同时在线，也可以通过文字或语音留言，方便快捷的将信息传递给对方。有了这样非面对面的相对平等的沟通途径和方式，较好的避免了师生当面交谈时学生方面的心理障碍，班主任与学生之间就可以方便地开展内心的沟通甚至是思想的碰撞。通过这种相对具有私密性的沟通方式，学生可以向教师吐露内心真实的想法，坦率地就生活、学习、同学间及学生与家长间的关系等方面的问题与班主任老师进行交流。学生可以开诚布公对教师的教学及班级管理等方面问题提出自己的看法和意见。而班主任也可以以此更深入地了解学生的内心想法，掌握他们的思想情况，从而可能有针对性地在教学及班级管理方面进行改进和调整，以充分掌握当前形势下中小学高年级的心理和思想状况。现代化的方便快捷的网络信息沟通工具，率先为师生之间的良好沟通和交流创造了条件。

（二）进一步加强和深化与学生家长在网络信息平台的沟通、交流与合作

在已有的校信通等由电脑到家长手机，单方面信息发布式信息平台，创建教师—家长 QQ 群、微信或班级网页或博客，搭建教师与家长之间信息对称的交互式沟通平台。通过教师—家长 QQ 群及微信，不仅仅可以实现教师即时快

捷地有关学生和班级的信息发布，诸如布置家庭作业，叮嘱次日有关活动安排等内容。家长同时可以及时就相关事宜与教师进行回应，对理解不清的问题及时展开提问，教师也可以进行适时的回答，从而形成教师—家长之间良好的信息互动。建立班级网页或博客，班主任可以通过文字、图片甚至音频、视频形式，将当日或近期的班级内部情况或学校有关安排进行及时记录，从而形成长期的动态班级及学生事务电子记录或是备忘录。通过每日在网页上的点滴记录，会使班主任工作更为周密细致，对班级的管理来会更加得心应手。此外，在班级网页或博客上公开学生取得的点滴进步，在有一定隐秘性的教师 QQ、微信等中如实反映学生在校期间的不良表现，可以使家长对孩子在校情况进行较为客观、全面的了解，更会为班主任以后的工作留下了经验和依据。

以上交互式的家校之间的沟通与联系，大大增加了教师与家长间的有关学生的交流机会，从而共同研究和探讨出更为切实可行的教育学生的方式和方法。这种网络环境下的班主任沟通和管理方式，家校双方虽未真正谋面，但可以有针对性的就有关学生的情况及问题进行探讨，对传统管理模式中有限的家长会及家访来说，可以说是革命性的改变。

(三) 充分挖掘网络资源，利用方便快捷的网络终端信息平台

展示教育、教导内容，进一步引起学生对学习内容的兴趣和关注度，进而激发其学习潜能。例如，在临近"3·5"学雷锋日之际，通过微信转发央视有关少年儿童学雷锋、做好事的动画和童谣：伴随着学生喜爱的动画响起"人小志气大，辛苦我不怕，日常学雷锋，光荣也伟大"的朗朗上口的童谣。学生在歌唱和观看这个动画和歌谣同时，还会受了动画视频中助人为乐的良好举止的感染和影响，在班级内外主动做一些自觉捡拾垃圾、公交车上主动为老人让座等力所能及的公益性的助人为乐的事情。

另外，有意识地留下一些培养学生积极思考、勤于动脑的开放性的题目，让学生通过电脑搜索和查找有关的资料。并在其后的课堂上与学生共同归纳和分析有关答案，在增长学生的知识、拓展学生视野的同时，更让学生认识到，要想较为全面、深刻地了解某一方面知识，需要通过自己主动查找资料、分析作案，要有意识地培养学生在网络环境下通过多种途径找寻和检索、获取有关答案的意识和能力。

三、注重面向中小学生的正面导向，要让网络资源为培养学生成材服务

在网络环境中，各种思想不断涌出，各种网络终端，如手机、平板和电脑等也成为学生学习和生活的重要组成部分。班主任在利用网络工具帮助学生认

识世界的同时还要引导学生正确认识网络中的各种信息。① 当前的网络环境，各种思想潮流层出不穷，网络伴随着各种现代化的终端产品融入了学生生活的方方面面，现代的中小学生已经早早地融入了网络的大的环境中。作为班主任，通过利用网络工具帮助中小学生进一步认识和发现世界的同时，更应该主动地要求全体学生正确的认识网络及其内容包含的各方面信息。当然可以利用传统的班会课形式，也可以通过班级网页或博客以更为生动易懂的图文并茂的形式，让全体学生准确的认识网络现象，合理地利用网络资源，正确使用网络工具。通过真实生动的事例，把过度沉迷网络特别是大家普遍喜爱的网络游戏，自我约束力差、不能自拔以致荒废学业最终走上犯罪道路的故事讲给学生听，使学生深刻感受沉溺网络的危害性。同时，还应给中小学生以更多的正向引导，以真实事例讲述合理利用网络工具的益处。

此外，教师特别是班主任要充分利用网络信息传递工具如个人微博、博客、QQ 心情等信息平台，通过发表个人心得、转载相关图片等形式，进行网络学习方法、学习参考资料传递、优秀先进人物宣传和优秀学生事迹宣传，形成健康向上的网络学习的文化氛围，对学生进行全方位教育引导，同家长开展全方位的交流。同时，还可以结合班会活动，引导学生就"文明上网"和如何正确使用网络资源等内容开展主题班队会活动。通过活动，要让学生认识到，要合理安排学习与网络娱乐时间，善于利用网络资源开展网上学习，不浏览不良信息；诚实交友，不侮辱欺诈他人，合理利用网络工具，争做绿色、文明上网"小卫士"。

当前，在这个高度信息化的网络时代，网络生活正在逐渐成为学生生活的重要内容。在网络环境中，学生获得知识和信息的途径不只限于老师和书本；学习的场所并不只限于班级、学校和家庭，学校围墙无法阻隔网络对每一位学生的影响和渗透，学生随时随地可以从互联网上收集和检索到各方面的知识，了解到各方面的信息。因此，置身于网络环境下的中小学教师，要在不断更新教育管理观念的同时，更要注重树立现代开放、互动的教育观念和以学生为中心、尊重学生、爱护学生的育人理念。要与时俱进，积极迎接网络时代给班级管理工作带来的巨大冲击与挑战，充分利用网络的特点，根据变化了的客观条件不断优化面向学生和班级的教育管理环境，将网络工具切实应用于学生的全方位教育和班级的全面管理中去，努力探索和构建适应网络时代特点的中小学班级管理工作的新模式。

---

① 鲁玉香. 网络环境下小学班级管理的问题及对策研究 [J]. 新课程（上），2019（08）.

参考文献

[1] 陈登福. 中国基础教育管理体制改革研究 [D]. 武汉：武汉大学，2015.

[2] 陈立鹏，罗娟. 我国基础教育行政管理体制改革 60 年评析 [J]. 中国教育学刊，2009（07）.

[3] 陈瑶，胡旺，王娟. "互联网+"时代大学生学习方式转变研究 [J]. 江苏开放大学学报，2016（02）.

[4] 戴新利. 深化中小学管理体制改革的策略 [J]. 教育探索，2008（04）.

[5] 刁生富. 在虚拟与现实之间——论网络空间社会问题的道德控制 [J]. 自然辩证法通讯，2001（06）.

[6] 黄家泉，邵国良，罗海丰，吴开俊. 我国地区经济发展不平衡对教育的影响 [J]. 广州大学学报，2000（02）.

[7] 黄妙霞. 注重情感教育推进班级管理 [J]. 中小学德育，2011（07）.

[8] 黄希庭. 心理学导论 [M]. 北京：人民教育出版社，1991.

[9] 霍尔·戴维斯. 德育教育的理论与实践 [M]. 陆有铨，魏贤超，译. 杭州：浙江教育出版社，2003.

[10] 金俊杰. 网络环境下小学班级管理问题及对策研究 [D]. 呼和浩特：内蒙古师范大学，2013.

[11] 乐建怀，陈文能. 中小学教育管理的几点思考 [J]. 中小学实验与装备，2010（01）.

[12] 李萍. 网络对青少年情商的影响及对策 [J]. 班主任，2002（04）.

[13] 李宜江. 对中小学校内部管理体制改革的思考 [J]. 教育科学研究，2009（04）.

[14] 李永刚. 我们的防火墙：网络时代的表达与监管 [M]. 广西：广西师范大学出版社，2009.

[15] 林迎春. 浅析不良网络文化对青少年的影响及对策 [D]. 武汉：华中师范大学，2005.

[16] 刘小敏. "互联网+"时代学习方式的变革 [J]. 中小学电教，2017（09）.

［17］刘晓松．中小学教育管理的方式与方法浅议［J］．内蒙古教育，2019（02）．

［18］卢玮．新媒体环境下小学思想品德教育存在的问题及对策探析［D］．长春：吉林大学，2014．

［19］吕杨．对中小学教育管理工作的一些思考［J］．新课程（中学），2012（09）．

［20］马一先．我国中小学教育管理体制改革的反思与展望［J］．新教育时代电子杂志（学生版），2019（43）．

［21］庞维国．论学习方式［J］．课程·教材·教法，2010（05）．

［22］桑新民．信息时代学习方式创新的攻坚战［J］．中小学数字化教学，2018（06）．

［23］邵广侠，刘晓苏．中小学素质教育与学生发展状况研究［M］．苏州：苏州大学出版社，2016．

［24］谭姣连，徐晓东．用视频转变学生的学习方式［J］．中国远程教育，2013（11）．

［25］唐慧兴．浅论中学生网络德育［J］．当代教育论坛，2007（08）．

［26］汪学均，熊才平，刘清杰，王会燕，吴海彦．媒介变迁引发学习方式变革研究［J］．中国电化教育，2015（03）．

［27］王海南．网络对中小学生思想道德形成的负面影响及解决策略［D］．长春：东北师范大学，2006．

［28］王万顺．新课程理念下的小学班级管理［J］．赤子（上中旬），2014（19）．

［29］王薇．小学班级管理信息化的探索［D］．武汉：华中师范大学，2019．

［30］王铟，沈绮云．互联网对中小学生负面影响的调查与分析［J］．中小学信息技术教育，2004（10）．

［31］王运武，朱明月．学习方式何以变革：标准与路径［J］．现代远程教育研究，2015（03）．

［32］王竹立．移动互联时代的碎片化学习及应对之策——从零存整取到"互联网+"课堂［J］．远程教育杂志，2016（04）．

［33］危英．互联网时代会计教学改革的创新策略研究［M］．成都：电子科技大学出版社，2017．

［34］谢新观．远距离开放教育词典［M］．北京：中央广播电视大学出版社，1999．

［35］张惠娟．关于我国中小学管理体制改革的方向性思考［J］．教学与管理，

2011（04）.

［36］张韵．"互联网+"时代的新型学习方式［J］．中国电化教育，2017（01）.

［37］赵春雷．网络时代新型教育模式的建构与探索［J］．成人教育，2014（05）.